불교를 털어내라

불교를 털어내라

- 초판 1쇄 발행 2014년 4월 2일

- 엮은이 임원주
- 펴낸이 여승철
- 펴낸곳 도서출판 예하

- 등록번호 제315-2014-005호
- 등록일자 2014. 2. 12.
- 주소 서울시 강서구 공항대로 59다길 276(염창동)
- 전화 02-826-8802 팩스 02-826-8803

- 정가 12,000원
- ISBN 979-11-952338-1-6

불교를
털어내라

임원주 지음

도서출판 예하

혼합종교를 섞지 말고, 모방종교를 모방하지 말라

　가짜는 진짜를 모방한다. 가짜는 진짜를 가져다 섞는다. 하지만
진짜는 결코 가짜를 모방하지도 섞지도 않는다. 그래서는 안 된다.
어리석은 짓이다. 가짜가 진짜를 진짜처럼 모방하면 솜씨가 대단하
다는 칭찬을 듣지만 진짜가 가짜를 아무리 잘 모방해도 칭찬을 들을
수는 없다. 시도하는 그 자체가 바보짓이다.

　본서는 기독교도인 우리 자신을 문제 삼고자 한다. 우리 자신의
불완전함, 우리 자신의 불철저함, 우리의 무지와 어리석음, 이런 것
들이야말로 하나님의 교회와 거룩, 참된 예배를 더럽히고 훼손하
는 원인이다. 구원(救援), 원만(圓滿), 아량(雅量), 정성(精誠), 치성(致
誠), 열심(熱心), 정진(精進), 축복(祝福), 기원(祈願) 심지어 율법(律法)
과 복음(福音)이라는 기준을 세운다. 하지만 실제로는, 이 용어를 성
경의 판명한 가르침이 아니라 어렸을 때부터 우리 안에 스며들어온
불교적, 무속적 관념으로 적당히 채워 넣는다. 이것만으로도 문제가
크지만 한 술 더 뜬다. 이 기준에 우리의, '성경적 종교'를 억지로 꿰
맞춘다. 이것이 우리의 실상이 아닌가 하고 끊임없이 반성할 필요가

있다.

우리는 성경적 종교를 추구하고 싶다는 간절함에 머물러 있는 경우가 너무 많다. 마음을 살피시는 하나님은 내 정성을 아시겠지 하면서 자위한다. 어차피 우리는 불완전하니 이까짓 잘못이 뭐가 대수인가 하면서 뻔뻔하게 굴기까지 한다. 요새 문제가 되는, 무늬만 신자들, 교회에서 사라진 신자들, 사랑과 관용을 앞세우는 대신에 말씀에 철저한 신앙생활을 미숙하다고 여긴다. 그러면서 시대를 탓한다. 그 야말로 불교식이라고 해도 과언이 아니다.

정말이지, 우리는 성경적 종교를 실천하고 성취해야 한다. 성경의 참된 가르침을 추구할 뿐만 아니라, 성경의 가르침으로 우리의 옛 본성과 더불어, 옛 종교의 잔재를 깨끗이 털어내야 한다. 우리 옛 문화에 녹아있는 불교, 불교적 관념, 불교적 방식에 대해 우리는 명확하게 알아야 한다. 무지하면 어리석은 짓을 피할 수 없다. 티끌만큼이라도 내버려두고 방심하면 누룩처럼 신앙생활 전반에 퍼져서 저주와 파멸을 피할 수 없게 될 수도 있다.

종교간 대화, 타종교에 대한 관용을 역설하는 목소리가 크다. 대화와 관용이 종교혼합주의로 타락하는 기회가 되지 않게 하려면 자기 종교의 정체성과 상대 종교의 정체성에 대한 명확한 지식이 필수적이다. 그래야 혼란에 빠지지 않는다. 그래야 자기 종교의 순수성을 온존시킬 수 있다. 불교도들을 위시해서 여러 사람이 기독교의 여러 제도와 사상이 불교에서 나왔다고 주장한다. 터무니없다. 기독교와 불교가 많이 닮았다고 주장하기도 한다. 그렇다면 원본이 무엇이며 어떤 것이 복사본인지를 제대로 따져봐야 한다. 엉터리 주장들 속에 숨어있는 무지(無知)와 오류를 간파해야 혼란을 피할 수 있다.

결론적으로, 불교의 많은 것들이 성경에 뿌리를 두고 있다. 인도에서, 서역에서, 중국에서, 그리고 한반도에서 성경은 이미 영향력을 발휘했던 것이다. 우리가 상상하는 것 그 이상으로, 훨씬 오래 전부터, 성경의 가르침은 세계에, 아시아 깊숙한 곳까지 실제적으로 영향을 미쳤던 것이다. 그럼에도 불구하고 우리 조상들은 성경적 종교를 붙잡지 못했다. 아득한 옛날에 흘러가버린 사건으로 만들었다. 한국에서 성경적 종교가 아직 유년기적 단계에 머물러 있다면 슬픈 일이다. 전성기를 제대로 구가하기도 전에 쇠락한다면 더더욱 슬픈 일이다.

본서는, 금번 '도서출판 예하'에서 동시에 출간되는 『불교는 없다』와 동일한 문제의식으로부터 출발한다. 불교에 대한 이해도 기본적으로는 동일하다. 불설(佛說) 혹은 불법(佛法), 석가모니의 가르침이라고 하는 것에 대해서도 깊고 세세하게 논하지 않는 것도 동일하다. 하지만 책을 엮는 방식은 매우 다르다. 『불교는 없다』는 불교 자체를 역사적으로 개괄하면서, '불교는 혼합종교이며 모방종교이다'라는 명제를 확인하였지만, 본서 『불교를 털어내라』는 한 걸음 더 나아가 '성경종교가 불교의 원본이다'라는 명제를 확인한다. 이러한 명제를 상식적인 수준의 평신도들도 쉽게 이해할 수 있도록, 불교의 개략적인 역사를 따라가면서 알기 쉽게 피력하고자 노력했다.

본론의 첫 장을, '경전종교'라는 기독교의 특성을 다뤘다. 기독교와 불교의 근본적 차이점은 '경전'에 대한 태도에 있다는 점을 밝혔다. 교회에서 흔히 듣는, '복음적,' '말씀 중심,' '오직 성경'(솔라 스크립투라), '성경의 영감과 무오'라는 것을 '경전종교'라는 말로 풀었다. 이것은 기독교는 불교를 모방했다는 가설에 대한 반박을 위한 것이다. 초대교회의 삼위일체 논쟁에 대해서도 간략하지만 약간 깊숙이 다뤘다. 교리를 성경이라는 기초 위에 세우고자 하는 초대교회와 기독교의 노력과 특성의 한 단면을 확인하려는 의도였다. 그러다 보니 졸고의 서장은 딱딱하다는 느낌을 독자에게 줄 것이다. 하지만 본서의 중간쯤에서는 본서의 경직된 출발점에 대해 충분히 이해할 수 있을 것이라고 확신한다.

본서는 기독교와 불교를 대조시키고 원류를 확인하는 방침을 가졌지만, 본서와 동시에 출간되는 『불교는 없다』는 오직 불교만을 다룬다. 불교 자체의 역사를 객관적으로 살펴보면서, 불교에 대한 이해를 분명하게 하고자 했다. 이 두 권의 졸저를 통해, 기독교인으로서의 정체성을 분명히 하고, 불교도들을 전도할 수 있게 된다면 더 바랄 것이 없을 것이다.

도서출판 예하의 관계자들의 동기부여와, 진리교회의 담임목사님과 두 분 전도사님들 그리고 성도들의 위로와 권면과 기도로 여기까지 왔고, 이에 대해 깊은 감사를 드린다. 본서가 하나님의 나라와 영광을 위해 사용된다면, 전적으로 하나님의 은혜와 더불어 이분들의 기도와 열정이 있기 때문이다. 사랑하는 아내와 아들도 졸고의 첫 모습을 목격하고 읽어주고 비평해준 좋은 독자였다.

자비와 은혜의 주님 안에서, 언제나 사랑으로 함께 하기를 바라며

2014년 3월 4일

임원주 배상(拜上)

"누가 철학과 헛된 속임수로 너희를 노략할까 주의하라
이것이 사람의 유전과 세상의 초등 학문을 좇음이요
그리스도를 좇음이 아니니라"

(골 2:8)

목차

1

달라도 너무 다르다 : 계시종교는 경전종교이다

성경의 종교는 초월적 전능자 하나님의 계시에 의존하는 계시종 교이다. 계시의 기록물인 성경의, 성경에 의한, 성경적인 종교일 수밖에 없다. 시종일관 초자연적 종교이며, 경외와 예배의 종교 이다.

그러나 불교는 자연인이 자신의 본성을 직관하여 "깨달음"을 추 구한 구도의 학문이며 심리학이며 따라서 자연적 종교의 한계를 벗어나지 못한다.

1) 기독교는 계시종교이며, 경전종교이다

『이사전』이라는 책이 있다. 예수의 행적이나 가르침, 심지어 일대기는 석가모니와 불교의 것을 베꼈다는 그럴 듯한 말로 기독교를 불교의 아류로 격하 혹은 부정하려는 목적을 가진 책이다. 19세기에 어떤 독일인이 티벳을 여행하다가 『이사전』의 원본을 우연히 발견했다고 한다. 이 비밀스러운 문서에 따르면, 12세 때 예수는 나사렛을 방문한 인도인 여행자를 따라 동방의 지혜를 배우기 위해 인도로 떠났다. 인도에 도착한 어린 예수는 먼저 인도의 브라만 종교의 사제(바라문)가 되었다가 바라문들의 노여움을 사서 쫓겨났다. 결국 불교 승려의 도움을 받아 위기를 모면하고 불교에 입문해서 고승의 도움을 받아 불법에 통달했다. 나사렛 예수는 신통력을 발휘해서 병을 고치거나 이적을 행하는 능력을 익혀 고향으로 돌아왔다. 인도와 티벳의 불교를 만난 덕에 예수는 유대교에 없는 "초월자" 개념을 익혀 자신을 신격화(神格化)하고 "신의 아들"이라고 주장하게 되었다는 것이 『이사전』의 요지이다.

『이사전』은 예수를 유대교에 불교적 요소를 가미하여 기독교라는 자신의 종교를 창시하였다고 가정한다. 예수는 스승도 없이 열두 살의 나이에 이미 유대교를 통달한 종교적 천재였다. 그리고 20대에 불교 고승의 반열에 올라갔다. 놀랍게도 고타마 싯다르타가 깨달음을 얻어 석가모니가 된 것보다 이른 나이에 불법을 깨우쳤다. 석가모니는 병자를 고치지 못했다. 불법을 높게 닦은 승려가 병을 고치고 귀신을 쫓아낸다는 설화가 등장하는 것도 예수의 시대로부터 최소한 몇 백 년이 지난 뒤의 일이다. 대승불교 특히, 밀교(密敎)가 대두된 뒤에야 신통력이 불법과 결부된다. 더구나 티벳이라니! 티벳에서 밀교가 흥성하게 되는 때는 8세기 이후의 일이다. 따라서『이사전』을 통해 구약성경과 신약성경을 분열시키고, 기독교를 불교의 아류작이라고 설정해서 불교를 드높이고, 예수 그리스도를 치사한 종교가로 만들려는 시도는 기본 전제부터 실패했다.

　『이사전』의 상상력 빈곤은 모세5경을 경전으로 포함 하는 유대교, 이슬람교, 기독교의 공통적이며 근본적인 속성이 "순수 종교의 지향과 보존"이라는 점을 간과하는 것에서도 나타난다. 신의 계시를, 신의 적극적인 간섭에 의해 기록한 경전을 순수하게 보존하고 경전의 내용에 종교를 맞추려는 이 특성은, 불교와는 완벽하게 다른 점이다. 신의 계시에 인간의 생각을 섞을 수 있다는 발상, 신이 요구하는 종교에 인간의 주관을 섞겠다는 도전 자체가 기독교의 근본 특성을 간과한 어불성설이다.

　유대교의 서기관 전통을 간단히 살펴보자. 경전종교에서, 경전은 수백 년, 수천 년 동안, 아무리 반복되더라도 일점일획이라도 변경되거나 첨삭이 이뤄져서는 절대로 안 된다. 단지 말(言)과 기억에 의존하는 구전시대이든 기록된 경전을 갖게 된 이후이든 함부로 첨삭할 수 없다. 경전을 옮겨 적는 필경사(서기관)는 아무리 잘 외우고 있는 대목일지라도 기억에 의존해서 필사작업을 해서는 안 된다. 반드시 원본을 가져다놓고 소리내어 읽은 뒤 작업해야 한다. 한 줄을 쓴 뒤에, 원본과 필사본의 글자 수를 각각 세어서 맞춰보았다. 이렇게 오기(誤記)를 피하기 위해 최대한 조심하면서 차근차근 정확하게 옮겼다. 여기에서 끝이 아니다. 모든 줄을 이런 식으로 작업한 뒤, 양피지 한 장 혹은 파피루스 한 장의 작업을 마치면 다시 원본과 사본 각각의 글자 수를 세어 맞춰본다.

원본과 사본의 글자 수가 세 글자 이상의 차이가 나면 무조건 이 장은 무효다. 파기 대상이다. 하루의 작업을 마친 뒤에도 그 날 복사 작업을 한 분량 전체의 원본과 사본의 글자를 전부 세어서 맞춰본다. 신명(神名)을 필사할 때는 먼저 목욕재개를 한 뒤에 깨끗한 옷으로 갈아입고 새 붓을 가져다가 먹을 새로 찍어서 단번에 써야 한다. 만일 신명을 쓰는 도중에 붓을 멈추거나 고개를 돌리거나 말을 하게 되면 그 면 전체를 폐기한다.

살아있는 전능한 하나님의 이름을 잘못 썼다고 해서 그 이름을 칼로 도려내거나 지운다는 것 자체가 '말살' 혹은 '제거'를 의미하며 따라서 신성모독이기 때문이다. 신의 이름을 도려내거나 지워내거나 한 뒤에, 글자를 덧쓰는 것은 그 신(神)을 가볍게 여길 때나 가능한 일이다. 필사작업 중, 원본에서 잘못된 글자를 발견하면 필사자가 임의로 고쳐서 필사해서는 안 되고 반드시 원본 그대로 옮겨 적은 뒤에 난외에 주를 달아 자신의 의견을 덧붙여야 한다.

유대교 서기관의 이러한 정신은 모세5경을 기반으로 한 이슬람에서도 찾아볼 수 있다. 이슬람에서는 지금도 경전에 밑줄을 치지도 못하고 메모도 못한다. 코란을 한낱 책으로 보고 함부로 대하는 모습을 보였다간 경을 친다. 기독교도 그에 못지않았다. 신약성경은 27권으로 구성되는데 A. D. 50-100년 사이에 기록된 것이다. 그 목록은 2세기 중반에 나타난다. 시간이 흐를수록 정확한 목록과 본문을, 위서(僞書)들로부터 보호하고 위변조를 막기 위해 정경(正經)을 기독교 전체의 이름과 권위로 공인(公認)할 필요성이 점점 커졌다. 지속적으로, 여러 방법과 과정을 거쳐 검증하기를 반복해서 393년 라오디게아 종교회의에서 요한계시록을 보류한 27권을 신약성경 정경으로 공인한다. A. D. 397년에 개최된 카르타고 3차 종교회의에서 요한계시록을 포함한 27권의 정경을 확정한다.

심지어 성경의 주요 개념을 설명할 때도, 성경에 없는 단어 사용에 대해 극도의 경계심을 가졌다. 흔히 삼위일체론을 그리스 철학의 영향을 받아들인 결과라고 주장하는 일이 많은데 실상은 절대로 그렇지 않다. 기독교는 유대교를 통해 전수된 구약성경(39권)과 신약성경(27권)을 정경(正經)으로 인정한다. 구약성경 곳곳에서 하나님은 한 분이라고 선언한다. 구약성경만 보면 '단일신론'과 '유일신론'이 헷갈릴 위험이 생긴다. 성부, 성자, 성령이라는 세 이름도 하나님 한 분이 세 이름을 가진 것이 된다. 그런데 신약성경 마태복음 3:16-17은 예수가 요단강에서 요한으로부터 침례를 받고 물로 올라오는 장면이다. 동일한 장소, 동일한 순간에 수직으로 성부와 성령과 성자가 존재한다. 같은 내용이 마가복음 1:10-11과 누가복음 3:22에도 기록되어 있다. 구약성경이 없다면 기독교는 삼신론이 될 수 있다.

기독교 신자는 '하나님은 하나이기도 하고 셋이기도 하다'라고 믿을 수 있다. 단일신론이나 삼신론으로 규정하는 방향으로 가지 않는 이 진술을 그냥 믿음으로 받아들일 수 있다. 그러나 단일신론으로 가면 신약성경의 가르침을 부인해야 하고, 삼신론으로 가면 구약성경의 명확한 선언을 부인해야 한다. '하나님은 하나이기도 하고 셋이기도 하다' 혹은 '한 분 하나님은 성부와 성자와 성령 세 분이다'라고 솔직하게 믿을 수 있지만, 성경의 가르침을 더 깊이 이해하여 불신자들의 비방을 막고 의문에 답하기 위해 납득할 만한 설명을 찾는 것은 지극히 당연한 일이다. 사람들이 '하나'이기도 하고 '셋'인 그것은 혹은 그것들은 무엇이냐고 물을 때, 성경 안에 있는 단어로는 설명할 수 없었다. 그래서 그리스(헬라)계 신학자들은 당시 헬라어 단어 가운데 본체 혹은 실체라는 뜻의 '우시아'(Οὐσία)를 차용해서 사용했다. 차용 즉, 단어를 그릇처럼 빌려 쓴다는 점에 주목해야 한다. '우시아'는 '존재한다'라는 의미의 동사에서 유래한 명사이므로 '존재함'(being, existence)이지만 '실체'(essence, substance)라는 뜻으로 쓰기로 한 것이고, '우시아'와 동의어라고 할 수도 있고 히브리서 1:3에서 사용한 '휘포스타시스'(ὑπόστασις)를 '우시아'가 개별적인 형상을 갖춰 나타나는 세 실존 각각을 표현하는데 사용하기로 했다.

복음서는 마리아가 예수를 낳았다고 명확하게 증언한다. 그러면 하나님은 '하나이기도 하고 둘이기도 하다'였다가, 마리아가 예수를 낳은 뒤부터 '하나이기도 하고 셋이기도 하다'가 된 것이냐는 문제가 발생한다. 이런 식의 관념을 정당한 것이라고 허용하면 전혀 다른 기독교가 나온다.

성경은 하나님의 세 위격 가운데 두 위격의 관계를 '아버지'와 '아들'이라는 명칭으로 표현하고, 사도행전과 히브리서에는 '내가 너를 낳았다'라는 명확한 구절이 있다. 그러면 2위격 즉, 성자는 존재하지 않았던 적이 있었느냐, 마리아가 낳은 예수는 피조물이었느냐 아니면 하나님이었느냐, 피조물 예수가 신격화되어 하나님의 본체와 비슷한 것이 되었느냐는 등의 의문이 발생한다. 마리아가 낳은 피조물 예수가 하나님이 된다는 것은 피조물의 신격화(神格化)를 주장하는 것으로서 성경이 결코 용납하지 않는 관념이다. 그러므로 이러한 질문들은 부질없는 질문들이 아니다. 신앙의 내용과 무관한 질문들도 아니다. 전도의 현장에서도 무수히 제기되기도 하고 기독교의 특성과 발전방향에도 지대한 영향을 미칠 것들이었다.

동방교회의 신학자들은 '우시아'에 '동일한'이라는 의미의 접두사 '호모'를 붙이는 것에서 해결책을 찾았다. 그래서 만들어진 조어가 "호모우시오스"인데 이 용어의 사용에 대해 반대도 많았다. 게다가 라틴어 문화권인 서방교회에서 '우시아'라는 헬라어 단어를 라틴어 '수브스탄시아'(substantia)로, '호모우시아'를 '콘수브스탄시아'로 번역하면서도 '휘포스타시스'를 '페르소나'(persona)라는 라틴어 단어로 대체하여 문제가 복잡해졌다. '페로소나'라는 단어가 당시에는, 연극에서 사용하는 '가면'을 가리키는 단어였기 때문이다. 동방교회 신학자들이 볼 때 서방교회(라틴교회) 신학자들은 단일한 우시아가 세 개의 가면을 번갈아가면서 쓰고 등장한 것으로 이해하고 가르치는 것은 아닌가, 혹은 그런 식의 오해를 불러일으키게 되지는 않을까 하고 의심하기도 하고 염려하기도 했던 것이다. 만에 하나 이렇게 이해하게 되면 기독교는 사실상 '양태론적 단일신론'으로 묘사되는 전혀 다른 종교를 '기독교'라고 허용하게 된다. 서방신학자들이 하나님에 관한 논의에서 '페르소나'라는 용어를 사용할 때는 '가면'이라는 의미는 전혀 없고 동방교회의 '휘포스타시스'와 정확한 동의어이며, 동방교회에서 "미아 우시아 트레스 휘포스타세이스"(God is one in His essence, but three in His persons)라고 말하는 내용을 충분히 보장할 수 있다는 확신이 들었을 때 의심과 논란이 해소되었다. 몸 혹은 실체를 가리키던 헬라어 '우시아'가 본질을 의미하도록 한 것과 마찬가지로 가면을 의미하던 '페르소나'가 개별적인 실체로서의 위격을 가리키는 단어로 차용한 것이며, 철저히 기독교화 한 것이다. 이렇게 해서 5세기 초반의 힙포의 감독 아우구스티누스는 라틴어로 삼위일체를 충분히 묘사할 수 있게 되었다.

이 문제가 커다란 이슈로 부각되고 충분한 해결책을 확립할 때까지 백년 이상이 걸렸다. 불신자들이 생각하는 것처럼, 초대교회의 교회회의(공의회)는 종교/정치권력을 다투는 세력싸움이 아니었다.

여러 대안을 모색하고 성경의 가르침과 맞춰보면서, 토론하고 논쟁하면서 성경의 가르침을 담을 만족스러운 그릇을 빚는 과정이었다. 성부와 성자의 위격에 관련한 문제를 해결하는데 4세기 벽두부터 5세기 초반까지 걸렸다. 여기에 성령은 아버지로부터 왔느냐, 아들로부터 왔느냐, 아버지와 아들로부터 왔느냐는 문제는 6세기 후반에 와서 정리된다. 이처럼 기독교 논쟁은 독창적인 주장의 제기, 주관 대 주관의 논리다툼과 정치적 해결점의 모색이 아니었다. 종교적 천재의 창발성을 높이지도 기발함을 추종하지도 않는다. 기독교 신앙과 신학에서 주관은 객관에 종속되어야 하고 성경이 허용하지 않는 '타협'은 '부패'이기 때문이다. '성경의 가르침이 무엇인가?' '성경의 가르침을 통해 하나님이 원하는 것이 정확히 무엇인가?' 나아가서는 '성경이 가르치는 올바른 믿음을 다른 사람들과 후대에도 정확하게 전달하여, 아무리 오랜 세월이 흘러도 변질없이 계승되게 하려면 어떻게 해야 하는가?'와 같은 문제의식이 신앙의 중심에 있다. 이처럼 경전종교 즉, 계시종교는 정통성과 이질성 문제에 극도로 예민하고 진지하다.

16세기 유럽의 종교개혁은 단지 종교적 및 윤리적 부패와의 싸움이 아니었다. 16세기에 이르는 동안 성경의 가르침과 성경이 허용하는 범위, 신앙의 선조들이 가졌던 믿음의 내용에서 벗어난 '변질'을 찾아내서 제거하는 싸움이었다. 외적인 관행만이 아니라 기독교적 지식내용에 있어서도 변질되고 추가된 것, '게르만화 된 것들'을 혁파하여 '본래 기독교의 모습에 부합하려는 분투'였다. 루터파(루터주의)와 쯔빙글리-칼빈파(개혁주의)라는 신학, 그리고 개혁주의에 따른 스코틀랜드 장로교회, 프랑스 위그노교회, 잉글랜드 침례교회 등의 교파교회들의 성립도 자신들이 놓인 환경에서 '성경의 가르침에 가장 부합하는 교회와 믿음'의 확립과 계승을 위한 자기개혁의 과정이며 결과물이다.

예수는 '누룩을 경계하라'라고 가르쳤다. 구체적으로 바리새인의 누룩, 사두개인의 누룩, 헤롯의 누룩(마 16:6, 11-12, 막 8:15, 눅 12:1)이라는 이질적인 것들과 변질의 원인들을 제거하고 본질적인 것들을 온존시키는 노력을 끝없이 지속하라는 뜻이다. 이것은 유월절과 무교절 규례, 즉 모세의 율법을 나아가서는 구약성경의 가르침에 대한 긍정을 전제한다. 그리고 이질화된 것, 변질된 것, 섞인 것을 찾아서 바로 잡으라는 뜻이다. 예수는 공생애 활동을 시작한 직후, 일부러 사마리아 지역을 통과하면서 수가 성 우물곁에서 한 여인과 대화를 나눴다(요 4장). 이때 예수는 바로 자신이 유대인들과 사마리아인들이 오래 전부터 믿고 기다린 '그리스도'라고 밝힌다. 따라서 예수 그리스도는 자신은 유대교의 본질적인 연장선에 있고 그 성취요 완성이며, 문자와 전통의 한계와 속박에서 벗어나 영적이며 참다운 예배를 가능케 한다고 선언한다. 그러므로 기독교는 유대교의 완성이며, 유대교 이전에 창조 당시부터 존재해온 종교의 구현이다. 경전종교는 단지 경전의 문자 즉, 진리의 외피(外皮)를 축자적(逐字的)으로 좇는 것에 만족하고 안주하는 종교가 아니다. 문자의 문을 열고 진리의 세계로 들어가 문자를 초월하는 신의 뜻과 음성을 듣고 순종하고자 한다. 복음주의 신학운동은 그 정신을 계승하고 구현하는 근대의 주요한 흐름 가운데 하나이다.

2) 유대인의 흩어짐과 인도 문명

참 종교는 반드시 유일신(唯一神) 신앙을 그 토대요 중심축으로 하고 계시종교이며 경전종교여야 한다. 일체의 다신론적 및 범신론적 영향으로부터 그 순수성을 보존하려 하고 그 순수성으로 회귀하려는 특성을 가질 수밖에 없다. 유대인들에게서 이러한 특성은 유대주의와 선민의식이라는 현상으로 나타났다. 반면에, 계시에 기반을 둔 경전종교가 아닌 모든 종교는 사람의 독창성과 편의성에 의존하게 되고, 크던 작던 혼합주의적 특성을 가진다. 변질과 융합을 피할 수 없다.

서두에서 『이사전』 하나를 예로 들었지만, 기독교를 자연종교로, 따라서 역사적 산물인 혼합종교로 매도하려는 시도는 유대교와 기독교가 공유하고 있는 순수종교의 기본적인 특성만이 아니라 유대인의 디아스포라를 제한적으로만 취급한다. 『이사전』은 A.D. 1세기 초에 예수와 불교가 접촉했다고 가정한다. 석가모니가 B.C. 6세기에 활동한 사람이니 불교는 기독교보다 적어도 6백년이 빠르고, 따라서 그만큼 탁월한 경륜이 쌓였다고 생각하도록 유도하고, 13세의 어린 예수는 불가의 고승과는 견줄 수 없다는 생각을 자연스럽게 받아들이도록 유혹한다. 하지만 히브리인들의 신앙과 모세5경이 세계로 뻗어나갔다는 사실에 주목해야 한다. 석가모니가 태어나기 오래 전부터, 그리고 불교가 발생한 이후 오랜 뒤에도, 불교에 심대한 영향을 미쳤다는 점도 간과해서는 안 된다.

팔레스틴, 히브리인들이 정착하여 나라를 이룬 땅은 이집트 문명과 메소포타미아 문명을 연결하는 좁은 띠에 해당한다. 문명과 문물, 사상과 재화(財貨)가 때로는 상인들, 때로는 군인들, 때로는 여행객들을 통해 부단히 오고갔다. 종교와 종교관련 사상과 문물도 마찬가지였다. 지리적 특성 때문에 히브리인들의 종교도 외래 종교에 물들기 쉬웠다. 이러한 혼합을 경계하는 싸움도 부단히 이뤄졌다. 성경은 순수하고 참된 종교를 혼탁케 하는 이방종교의 유입에 관심을 기울이지만, 현실에서는 그 반대의 경우도 지속적으로 일어났다는 점을 기억해야 한다. 여리고 주민들은 이스라엘 족속이 눈앞에 나타나기 40년 전부터 '여호와 하나님'과 출애굽 사건을 너무나 잘 알고 있었고, 두려워 떨고 있었다. 라합은 상천하지에 여호와만 하나님이라고 알고 믿었다. 여리고 사람들은 여호와 하나님의 이름만이 아니라 이스라엘 족속의 성막과 번제, 계명들에 대해서도 알았을 것이다. 출애굽 사건은 아브라함의 첩들의 후손들, 롯의 후손들, 이스마엘의 후손들, 에서의 후손들에게 광야 이스라엘 백성들의 신앙과 종교에 대해서 새롭게 떠들어대고 소문을 낼 기회를 주었을 것이다. 먼 나라까지.

A.D. 7세기에 예언자 모하메드가 유일신 알라로부터 계시를 받아 이슬람교를 창건했지만 모세5경, 다윗의 시, 사복음서가 아라비아에

전해지지 않았더라면 결코 존재할 수 없었을 것이다. 유대인들은 출애굽 사건 이후, 모세5경을 근간으로 하는 종교와 행습, 그리고 종교와 융합된 생활방식은 민족과 언어라는 두텁고 높은 장벽에 갇혀 있기만 한 것은 아니었다. 유대인들은 일찍부터 멀리 퍼져나갔다. 유대인들의 생활과 엄밀하게 융합된 계시종교는 이방세계에 모세5경의 내용을 보여주었다. 따라서 크고 작은 충격을 주변 종교에 주었음에 틀림없다. 유대인들의 종교, 성경의 종교가인 '인도'에 소개된 주요한 계기들을 간단히 살펴보자.

　B.C. 10세기경, 즉 석가모니가 출현하기 4백 년쯤 전에 유대인들은 다윗-솔로몬 시대를 구가했다. 육로만이 아니라 홍해 남단의 에시온게벨을 기점으로 해서, 아라비아와 반도 전체와 아프리카 남단과 아프리카 동부해안을 비롯해서 인도에 이르는 광대한 해상무역망을 운용했다. 주요 무역거점에는 유대인들의 상관(商館)과 생활거점이 세워지고 모세5경을 중심으로 하는 종교-생활 공동체가 만들어지고 유대인들의 종교와 사상이 전파되었을 것이라는 추측은 지극히 자연스러운 가정이다. 이사야 49:12에 언급된 '시님 땅'이라는 표현에 주목하자. 이사야는 동서남북을 지칭할 때 동쪽 끝을 방위가 아니라 '시님 땅'이라고 특별히 거명했다. 알고 있다는 뜻이다. 그러므로 '시님 땅'이 '중국'이라는 해석은 부당한 것이 아니다. 이사야를 통해 하나님은 '중국'에서부터 자신의 백성이 올 것이라고 선언한다. 아모스 3:12에 개역한글판과 개정개역판은 '비단방석'으로 번역하고, 공동번역은 '화려한 잠자리'로 번역한 문구가 있다. 이것은

화려하게 자수를 놓은 중국제 비단일 가능성도 있다.

B. C. 8세기에 북 왕국 이스라엘이 앗시리아에 의해 패망하였다. 이때 발생한 유민들이 인도 동북부, 마니푸르 지방까지 흘러들어갔다. 심지어 태국 국경선 너머까지 가서 정착한 유대인들도 있었다. 이들의 후손은 지금도 므낫세 지파의 후손들이라고 주장하며 자신들을 "브네이 메나시"(Bnei Meanshe)라고 부른다. 인도에서 '미조족'이라고 알려진 이들은 유월절, 할례, 제사의식, 장례풍습 등에서 유대인의 정통적인 관습과 종교성을 변함없이 간직해왔다. 이스라엘의 정통파 랍비들도 이들이 유대인들의 후손이며 유대교를 간직하고 있다고 인정했다. 2005년 4월, 이들 가운데 약 7000명이 이스라엘로 영구 이주했다.

B.C. 6세기에 남 왕국 유다가 멸망하였을 당시에도 인도 서남부 코친(Cochin)으로 이주한 유대인들이 있었다. 인도에서 가장 오래된 항구도시인 코친은 케랄라 해상무역의 중요한 거점이며 부유하고 살기 좋은 곳이었다. 유대인들은 이 항구의 남쪽에 유대인 마을을 형성하고 살았다. 바스코 다가마가 이곳에 오기 전까지는 이 유대인들이 이 항구의 상권을 장악하고 있었다. 유다가 멸망할 무렵은 석가모니의 근본불교가 발생하는 시기와 비슷하다. 석가모니가 죽은지 백년쯤 뒤에 불교가 상좌부와 대중부로 갈라질 때 대중부가 인도 남부로 내려온다. 그 후 수백 년에 걸쳐 상좌부가 인도 북부를 거점으로 전성기를 누릴 때, 대중부는 인도 남부에서 대승불교의 틀을 갖추고 있었다.

B.C. 2세기 내내 유대 예루살렘은 프톨레마이오스 왕조가 다스리는 이집트와 셀류코스 왕조가 다스리는 시리아라는 두 강대국의 틈바구니에서 시달렸다. 이 두 왕조는 알렉산더의 동방원정의 결과물로서 헬레니즘 문명을 구성했다. 이에 대항해서 유대인들은 마카비 가문을 중심으로 예루살렘과 성전(聖殿)을 회복하고 독립을 유지하는 힘겨운 싸움을 이어갔다. 시리아 동쪽에는 알렉산더의 동방원정의 결과로 그리스계의 박트리아 왕조가 간다라(Gandhara) 지방을 포함하는 지역을 다스렸다. 박트리아의 동남쪽에는 인도의 마우리아 왕조가 있었다. '간다라'를 포함하는 중앙아시아 즉, 서역(西域)에서 '서역불교'가 만들어졌다.

마카비 가문이 예루살렘을 회복하고 왕조를 개창하기 전에, 시리아 왕 안티오커스 에피파네스의 박해를 피해 갈릴리 지역에서 인도로 이주한 유대인들이 있었다. 이들은 배를 타고 오다가 인도 중서부 해안의 뭄바이(지금의 봄베이) 근처에서 풍랑을 만나 일곱 가족만 살아남았다. 배가 난파할 때 성경을 잃어버렸지만 기억에 남아있던 지식과 기도문, 안식일, 할례, 모세5경의 축제일, 음식에 관한 규례를 지키며 유대교를 보존해왔다. 사소한 힌두교 관습을 받아들이긴 했지만 유대교 신앙의 근간 특히 유일신 사상은 분명히 유지했다. 이것은 모세5경의 중심내용 즉, 출애굽 사건과 전능한 하나님 여호와, 시내산 계약과 은혜의 구원 등의 사상을 보존했다는 뜻이다. 이들은 자신들을 '베네 이스라엘'이라고 부른다. 이들은 인도 서해안에서 가장 중요한 항구도시이며, 중부에서 약간 북쪽에 위치한 '뭄

바이'를 둘러싼 마하라슈라 주(州) 일대에서 살았다. 2천 년 이상을, 인도의 여러 종교와 평화롭게 공존하면서도 조상들의 신앙과 행습을 거의 그대로 보존해왔다.

A.D. 1세기, 사도 바울이 소아시아에서 전도활동을 하고 마케도니아 쪽으로, 그리고 서쪽으로 선교를 펼쳐나갈 때, 사도 도마와 바돌로매는 인도로 향했다. 일차적으로는 바울처럼 유대인 회당을 찾아갔을 것이고 회당의 유대인들에게 율법을 바르게 가르쳐 복음을 깨우치는 일과 인도인들을 향해 하나님과 그리스도의 구원의 복음을 전했을 것이다. 인도 말라바르 기독교인들의 전승에 의하면, 도마는 1세기 중반에 배편으로 크랜가노르에 상륙했다. 크랜가노르, 빨라유르, 퀼론 등지에서 전도활동을 했다. 몇몇 상위 계급에 속하는 가문을 개종시키기도 했다. 코로만델 해안으로 옮겨갔다가 중국으로 건너가서 전도했다. 그러다 다시 인도로 돌아와 전도하다가 지금, 성 도마 산(山)이라고 부르는 곳에서 순교하였다. 인도의 말라바르 교회는 지금까지도 고유의 전통과 독립성을 유지하며 로마 가톨릭과 동방정교회와 관계를 맺고 있다.

석가모니가 탄생하기 적어도 5백 년 전부터 즉, 다윗과 솔로몬 시대에 유대인들의 종교와 관습, 모세5경과 전능한 하나님, 그리고 하나님 약속과 구원에 관한 지식이 인도에 알려졌음이 틀림없다. B. C. 459년에 에스라가 인솔한 2차 귀환과 B. C. 446년에 느헤미야가 인솔한 3차 귀환은 에스라의 갱신운동을 배경으로 한다. 회당(Synagogue)과 회당예배, 서기관과 바리새인, 랍비 등과 같은 유대교의 중요한 틀이 에스라의 개혁운동에 뿌리를 둔다. 이때 팔레스틴으로 복귀하지 않고 페르시아 제국 곳곳에 유대인 공동체가 잔류했다. 이들이 모세5경과 유대교를 쉽사리 버리고 이방의 토착종교에 동화되어 흔적도 없이 녹아 없어졌을 것이라는 추정은 무지의 소산이다. B.C. 6세기에 바빌로니아에 포로로 끌려간 유대인들 가운데 귀국하지 않고 잔류한 유대인들도 유대와 지속적인 교류를 가졌고, 역시 율법(토라), 타나크, 미쉬나, 게마라 연구시대를 거쳐 '바빌로니아 탈무드'라는 놀라운 전통을 만들어갔다. 성립연대가 늦은 '바빌로니아 탈무드'도 A.D. 5세기 무렵에는 완성되었다. 모두 20권, 12,000쪽, 250만 자(字)로 되어 있다.

인도 특히, 인도 북부는 결코 고립되고 폐쇄된 곳이 아니다. B.C. 520년에, 페르시아의 다리우스가 인도의 서북부를 장악하였고 다리우스의 후계자들인 아케메네스 왕조가 2백년에 걸쳐 통치하였다. 그 뒤를 이은 것이 알렉산더였다. B.C. 326년에 알렉산더의 원정군은 푼잡 지방을 석권하고 동진하여 인도 동부의 왕국들과 충돌했다. 비록 알렉산더는 갠지스 강에서 회군했지만, 파키스탄에서부터 아프가니스탄, 북부 인도에서부터 중앙아시아에 그리스 문명이 지속적으로 유입되었다. 이 유입된 물결 속에 유대인들과 유대인들의 종교와 종교지식이 틀림없이 포함되어 있었을 것이다.

3) 네스토리우스파

나사렛 예수는 그리스도이며, 하나님인 동시에 사람이다. 이것은 성경의 명확한 선언이다. 그러면 '나사렛 예수의 모친 마리아가 잉태하고 낳은 것은 하나님인가 아니면 그리스도인가?'라는 질문이 제기될 수 있다. 이 질문 자체는 부질없다. 그리스도는 영원한 하나님이라고 성경이 가르치기 때문이다(롬 9:5, 히 1:3). 따라서 마리아가 하나님을 낳았다고 하든지 그리스도를 낳았다고 하든지, 대개는 별 차이가 없는 말이다. 그런데 5세기 초에, 로마제국의 수도 콘스탄티노플의 대주교 네스토리우스는 마리아가 피조물인 예수를 임신한 뒤에 하나님이 임하여 '신의 아들 그리스도가 되었다'고 주장했다. 그리고 마리아를 '하나님을 낳은 자'(Theotocos)라고 하면 안 되고 '그리스도를 낳은 자'(Christocos)라고 해야 한다고 주장했다.

네스토리우스의 이 주장 자체로는 큰 문제가 없어 보인다. 네스토리우스는 마리아에게 초점을 두었다. 마리아를 자연인 이상으로 높이지 않는 것이 성경의 가르침에 부합하기 때문이었다. 그래서 피조물 마리아가 예수를 잉태하였는데 하나님이 임재하여 신성과 인성을 가진 그리스도를 낳았다고 말하자고 했다. 그런데 '키릴루스'라는 알렉산드리아의 신학자가 이 부분을 따지고 들었다. 키릴루스는 네스토리우스의 설명대로 하면, 그리스도의 신성과 인성의 결합이 느슨해지고 따라서 그리스도의 본성 안에서 차이가 생기며 양성의 결합은 '제휴'에 불과한 것으로 전락할 위험이 있다고 지적했다.

키릴루스는 마리아를 합당한 수준 이상으로 높일 염려가 있다고 해서 그리스도의 양성의 통일성을 깨뜨려서는 안 된다고 보았다. 그래서 그리스도의 신성과 인성의 내적 통일성을 공고히 하기 위해, 네스토리우스의 '크리스토코스'가 아니라 '데오토코스'를 써야 한다고 주장했다. 키릴루스와 네스토리우스의 논쟁은 격렬해졌다. 교회는 양분될 지경이었다. 동로마 황제와 서로마 황제까지도 로마제국의 분열을 걱정하게 되었다. 하지만 네스토리우스는 '예수'는 하나님이 아니라는 진술과 로고스 인격을 갖지 않는다는 진술을 근거로, 431년 에베소 공의회에서 논쟁에서 패배하고 이단으로 낙인찍혔다. 451년 칼케돈 공의회는 네스토리우스의 입장이 인성을 강조하는 '단성론'으로 흐르는 이단임을 다시 확인하고 그리스도의 양성과 양성의 통일성을 명확하게 주장하는 신학적 진술을 남겼다.

네스토리우스는 로마제국 전체의 수도이며 최고의 도시인 콘스탄티노플에서 최고위직에 올라간 목사였고 최고 수준의 신학자였다. 그리스도의 본성의 연합을 느슨하게 만들어 단성론으로 기울어질 위험성이 있는 진술 때문에 이단으로 정죄되었지만 그 외에 다른 흠은 없었다. 네스토리우스가 자신의 주장에 문제가 있다고 인정하면, 그리고 '철회한다'라고 한마디만 하면 자신의 지위를 유지할 수도 있었다. 그런데 그렇게 하지 않았다. 435년에 네스토리우스는 면직되고 추방당했다.

네스토리우스의 입장을 끝까지 추종한 기독교인들 즉, 네스토리우스파는 이집트와 아라비아, 이슬람 세계, 그리고 아시아 전역으로 흩어져갔다. 메소포타미아의 북서부 에뎃사에서 자리를 잡고 신학교까지 운영했다. 하지만 동로마 황제에게 추방을 당해, 페르시아 제국으로 건너갔다. 페르시아 제국에서는 국가적 보호를 받아 번성했다. 오래 전 부터 있었던 원시 시리아 교회와도 연합했다. A.D. 498년에는 자신의 뿌리였던 로마제국의 모든 교회와 단절했다. '앗시리아교회' 혹은 '갈대아교회' 혹은 '페르시아 교회'라는 독자적인 정체성을 갖고 발전하기 시작했다. 페르시아에는 7개의 대주교 관구가 생겼고, 아라비아와 인도에도 여러 개의 주교 관구가 설치되었다. 7세기 초에는 인도, 중앙아시아 각지, 중국 등지에 적극적으로 선교단을 보냈다. 인도에서 네스토리우스 교회는 말라바르를 중심으로 활동했다.

페르시아교회 즉, 네스토리우스파 교회가 보낸 선교단이 A.D. 635년에 중국에 도착했다. 이들은 중국을 전혀 몰랐던 것도 무작정 중국에 온 것도 아니다. 당 태종의 환대를 받고 적극적인 활동을 벌였다. 성경을 한역하는 작업도 했다. 이 사건의 배후에는 '서역'(중앙아시아) 기독교인들이 있었다. 특히, 소그드 인들이었다. 소그드 인들은 타지키스탄과 우즈베키스탄 일대를 중심으로, 중앙아시아 실크로드에서 무역활동을 했다. 그래서 무척 개방적이었다. 자연스럽게 일찍부터 비단길을 따라 중국에 진출하여 상권을 장악하기도 했다. 중국에 진출하여 무역과 상권을 장악한 소그드 인들의 경제력이 있었기에 페르시아 교회는 당 태종의 환대를 받으며 중국에 적극적으로 진출하고 '경교 교회'를 세울 수 있었다.

경교 선교단이 비단길을 따라 중국에 도착하기, 적어도 6백 년 전에 유대인들이 중국에 진출했다. 원시불교가 형성되던 시대의 인도 북부, 정통파(상좌부)에서 분열해간 대중부가 자라가던 인도 남부, 간다라와 오아시스 국가들에서 독특한 불교가 형성되던 시대의 서역, 대승불교가 전래되어 중국불교가 형성되던 시대의 중국, 거기에 유대인들도 모세5경도 기독교인도 성경도 없었다고, 아무런 영향을 미치지 못했다고 누가 장담하는가?

"내가 나의 모든 산을 길로 삼고 나의 대로를 돋우리니 혹자는 원방에서, 혹자는 북방과 서방에서, 혹자는 시님 땅에서 오리라"(사 49:12)

2

근본불교 :
석가모니의 가르침

기독교는 성경을 통해 하나님이 규정한 종교를 실현하고자 한 결과로 역사 속에 나타난 실체이다. 모든 신자와 교회는 기록된 말씀과, 성령의 가르침을 통해 끊임없이 참된 교회, 참된 종교를 추구한다. 불교는 지고무상한 깨달음을 얻은 교주 석가모니의 가르침을 근본으로 해서 시작된 종교이다. 석가모니의 생애 45년과 사후 약 백 년의 불교를 근본불교라고 한다. 석가모니와 직접 제자들이 무엇을 추구했는지, 어떤 불교를 원했는지가 담겨있다는 점에서도 근본이다.

1) 석가모니는 누구인가?

'불교'(佛敎)가 무엇이냐는 질문에 대해 대체로 불가(佛家)에서는 '부처님의 가르침을 믿고 행하는 종교'라고 정의한다. 그리고 '누구 든 진리를 깨치면 부처가 될 수 있고, 신(神)조차 초월할 수 있다'고 주장한다. 불교인들 중에서도 관점에 따라서는 문제가 있고 만족스 럽지 않다고 말할 수 있을 정의이며 설명이다. 어쨌든 '부처님의 가 르침을 믿고 행하는 것이 불교'라는 기본명제는 성립된다. 그렇다면 당연하게도 '부처가 누구인가,' '부처의 가르침은 무엇인가,' '부처 를 믿는다는 것은 무엇이며 어떻게 행해야 하는가'라는 질문과 이에 대한 답변을 찾는 것은 전제적(前提的)으로 중요한 일이다.

'석가모니'(釋迦牟尼, Sakyamuni)는 석가(釋迦)족 출신의 '깨달음을 얻은 자'라는 뜻이다. 줄여서 석존(釋尊) 혹은 세존(世尊)이라고도 한 다. 깨달음을 얻기 전 즉, 본명은 '고타마 싯다르타'이고 깨달음을 얻은 이후에는 '붓다'(Buddha)라고 부르고 한자로는 불타(佛陀)로 음 역하고 '부처'라고도 읽는다. 남방불교에서는 '고타마 붓다'라고도 부른다. 석가모니는 오늘날 네팔 남부의 히말라야 산기슭에 있는 카필라(가비라) 성(城)을 중심으로 한 산촌에서 족장의 아들로 태어났다. 생로병사와 번뇌에서 벗어나기 위해 29세에 아내와 아들을 버리고 출가했다. 6년의 수행 끝에 35세에 큰 깨달음을 얻었다. 이어서 7일에 걸쳐 달관하고 모든 의혹에서 완벽하게 벗어나고 사람들에게 자신의 깨달음을 전하기 시작했다. 최초의 설교(초전법륜, 初轉法輪)를 통해 다섯 제자를 얻어 불교교단의 성립조건인 불(佛)?법(法)?승(僧)을 갖췄다. 이후 B.C. 6세기의 전반부, 45년 동안, 설법을 계속하다가 80세에 죽었다.

석가모니는 사람됨의 본질을 깨달았을 뿐이다. 자연인은 생로병사의 운명을 결코 벗어날 수 없다는 사실에 괴로워했다. 성경도 비슷한 말을 한다.

"네가 얼굴에 땀이 흘러야 식물을 먹고 필경은 흙으로 돌아가리니 그 속에서 네가 취함을 입었음이라 너는 흙이니 흙으로 돌아갈 것이니라 하시니"(창 3:14)
"헛되고 헛되며 헛되고 헛되니 모든 것이 헛되도다 사람이 해 아래서 수고하는 모든 수고가 자기에게 무엇이 유익한고"(전 1:1-3)

그러나 석가모니는 왜 인생이 헛되게 되었는지, 왜 반드시 흙으로 돌아가는지에 관해 말 못한다. 사람과 만물을 단단히 얽어맨 인과응보(12연기)의 법칙을 발견하였을 뿐이다. 우주와 만물이 어떻게 그리고 왜 존재하게 되었는지, 인과응보의 근원을 설명하지 못한다.

그런 것이 있다는 것을 깨달았다고 되는 것이 아니라 그 연유와 해결책을 밝혀야 한다. 성경만이 이에 관해 밝힌다. 무엇보다도 흙으로 사람을 짓고(창 2:7) 생로병사의 법칙을 부여하고 심판할 하나님의 존재를 선언한다(창 1:1, 히 9:27).

2) 고타마 붓다가 깨닫고 가르친 것은 무엇인가?

초전법륜에서 시작해서 죽을 때까지, 45년간 설법한 것을 중심으로, 그 후 백 년 동안 고타마 붓다의 제자들이 정리하여 성립시킨 불교를 불가에서는 '원시불교'(原始佛敎) 혹은 '근본불교'(根本佛敎)라고 부른다. 붓다의 제자들은 붓다의 가르침을 연기설, 사정제, 팔정도로 정리했다.

연기설

연기(緣起)는 인연생기(因緣生起)를 줄여서 하는 말이다. 세상에 존재하는 모든 것, 그 생명변화는 반드시 그리고 예외없이 원인과 조건의 법칙에 지배를 받는다는 사상이다. 이 인과(因果)의 법칙은 우주에 본래부터 항상 존재해 온 것이다. 석가모니는 이 법칙을 완전히 깨달았다. 이 법칙과 하나가 된 석가모니는 '연기'라는 개념으로 나타냈다. 고타마 붓다는 연기의 법칙을 열두 가지로 가르쳤다.

사성제

'사성제'(四聖諦)는 고(苦)·집(集)·멸(滅)·도(道), 네 개의 거룩한 깨달음(진리)이라는 뜻이다.

(1) 고제(苦諦) : 부처가 되지 못한 사람의 삶은 고통이라는 통찰. 즉, 생로병사와 애증과 소원과 자아에 대한 집착을 벗어나지 못하고, 집착으로 인해 고통을 겪는다는 통찰이다.

(2) 집제(集諦) : 모든 고통은 업(業)과 번뇌(煩惱)에서 비롯된다는 통찰. 현생에서 겪는 고통은 전생과 긴밀하게 연결되어 있다는 통찰이다.

(3) 멸제(滅諦) : 고통의 원인을 완전히 소멸하여 해탈하고 열반에 들어갈 수 있다는 통찰.

(4) 도제(道諦) : 멸제를 이룰 수 있는 행함 혹은 수행이 가능하다는 통찰. 석가모니와 근본불교에서 도제는 팔정도를 가리킨다.

팔정도

팔정도(八正道)는 '깨달음에 도달하는 여덟 개의 바른 길'이라는 뜻이다. 실천적인 관점에서 볼 때, 불교인이 된다는 것은 이 여덟 기본덕목을 갈고 닦는 수행자가 된다는 의미이다.

(1) 정견(正見) : 바르게 보기

(2) 정사(正思) : 바르게 생각하기

(3) 정어(正語) : 바르게 말하기

(4) 정업(正業) : 바르게 행동하기

(5) 정명(正命) : 바르게 생활하기

(6) 정정진(正精進) 혹은 정근(正勤) : 바르게 정진하기

(7) 정념(正念) : 바르게 깨어 있기

(8) 정정(正定) : 바르게 집중하기

고타마 싯다르타는 힌두교의 고대 종교인 브라만교에 정통하고 그 사상과 수행법을 철저히 따랐다. 우주의 궁극원리인 브라만(梵), 개별자에 내제하는 아트만(我), 브라만과 아트만의 동일성(梵我一如), 카르마(業), 윤회(samsara-輪廻轉生), 해탈 등 고대 인도의 종교 및 철학 사상을 사실상 그대로 계승했다. 고타마 싯다르타가 출가수행을 결심하게 된 계기, 그리고 깨달음을 얻고 죽을 때까지, 주변 인도인들의 "인생의 고통과 번뇌" 문제에 집중했다.

B.C. 1500년 경, 아리안 족이 인도 북부를 석권하고 선주민인 드라비다 족을 지배하기 시작했다. 정복자들은 교활하게도 오늘날 카스트 제도로 알려진 신분제 사회를 만들었다. 최상위에 성직자와 학자들로 구성되는 '브라만' 계급, 그 아래에는 왕족과 귀족과 무사들의 계급인 '크샤트리아' 계급, 세 번째로는 농업과 상업 등에 종사하는 평민들인 '바이샤' 계급, 그 밑에는 노예계층으로서 각종 잡역을 맡는 '수드라' 계급이 있다. 그런데 카스트 계급의 최하층 밑에는 '파리아'라고 불리는 불가촉천민(不可觸賤民)들 즉, 카스트에 들어가지 못하는 이들이 있다. '수드라'가 천민이라면 '파리아'는 사람도 아니었다. 카스트의 최하위 계층인 '수드라'를 만지는 것만으로도 죄가 되고 심지어 죽음을 당할 수도 있었다.

최상위 계급인 브라만은 '종교'와 '학설'의 허울을 쓰고 교활한 혀로 카스트의 계급적 착취와 억압을 정당시했다. 착취와 억압에서 해방되는 길은 상위계급으로 올라가는 것뿐인데, 현실에서는 상위계급으로 올라가는 계단이 없다. 현생에서 악업을 쌓지 않으면 '영겁(永劫)'의 세월이 지난 후에 상위계층의 인간으로 환생한다. 불가촉천민이 브라만 계층이 되려면 4번 환생하면 된다. 이때 시간개념 '겁'(kalpa)은 브라만교(힌두교)의 주요 신(神)인 '브라흐마'(범천, 梵天)의 '하루'를 가리키는 데 인간세상에서는 43억 2천만 년에 해당한다. 그리고 해탈을 얻기 위해서는 출가한 뒤에 최소한 3겁 즉, 129억 6천만 년 동안 성공적으로 수행해야 한다. 결국 모든 불행에 대해, '체념'만이 유일한 답이었다.

크샤트리야 계급에서도 상위에 속해 있던 고타마 싯다르타는 자신이 속한 계급과 브라만 계급의 종교적 사기와, 서민과 천민들의 고통 사이에서 고뇌하였다. 수행 끝에, 윤회 환생을 거듭한 끝에 최상위 계급에 도달해서 사제인 바라문이 되어 수행을 쌓아야 해탈할 수 있다는 것은 영악한 거짓말이며, 현생에서 계급에 상관없이 출가?수행할 수 있고 깨달음을 얻으면 해탈할 수 있다는 통찰을 얻었다.

석가모니가 깨달은 것은, 신분과는 상관없이 출가수행해서 깨달음을 얻을 수 있다는 것이다. 깨달으면 속세의 고통에서 벗어날 수 있다는 석가모니의 믿음은 타당한가? 맹장염으로 고통을 겪는 사람은 맹장염의 본질, 염증을 지배하는 법칙을 깨달으면 맹장염의 질고에서 벗어날 수 있는가? 깨달음으로도 맹장염이 낫지 않는다면 '통찰'이 부족한 것이니 인체의 면역체계에 관한 더 깊은 통찰을 추구해야 하는가?

현실의 억압과 고통과 비참에 대한 석가모니의 해결책은 수행이라는 이름의 현실도피였다. 이것 뿐이었다. 반면에 기독교는 현실을 버리고 도피하는 것을 허용하지 않는다. 우주만물의 창조하고 소유하고 통치하는 하나님이 찾아와, 하나님의 말씀을 믿고, 행하고, 싸우라고 명령하신다(출 6:6-7, 사 7:14). "믿음의 선한 싸움을 싸우라"(딤전 6:12).

3) 고타마 붓다는 어떻게 깨달음을 얻었는가?

불가에서는 누구나 진리를 깨달을 수 있다고 가르친다. 우주의 궁극적인 진리인 브라만은 곧 개별자 안에 있는 아트만이니 자기 안에 있는 아트만을 들여다보면 브라만을 보는 것이기 때문이다. 고타마 싯다르타는 '깨달음'을 얻기 위해 즉, 자기 안에 있는 아트만을 보기위해, 보리수나무 아래에서 결가부좌를 하고 정진하기 시작했다. 요가수행에서는 숨을 길게 들이쉬면서 다섯을 세고 숨을 참고 다섯을 세고 길게 내쉬면서 다섯을 센다. 요가의 호흡법에는 숨을 멈추는 것이 들어가서 '지식관'(止息觀)이라고 한다. 하지만 고타마 붓다가 사용한 수행법은 '수식관'(數息觀) 혹은 '아나파나사띠'라는 호흡법이었다. 숨을 짧게 들이쉬면서 다섯을 세고 숨을 길게 내쉬면서 다섯을 세는 것을 반복한다. 이렇게 수를 세면서 정신을 집중해서 호흡하다보면 번뇌가 사라지고 경지에 도달하여 수행자 자신을 보게 된다고 한다. 불교에서 '계정혜를 닦는다'고 말할 때의 '계' 즉, 계율은 이 수식관 호흡규칙을 말한다.

붓다가 깨달은 것은 무엇일까?

고타마 붓다의 수행은 수식법이었고, 고타마 붓다의 규칙이란 수식법이라는 호흡규칙이었다. 수식법 수행의 목표는 청정한 마음의 상태에서 자신의 진정한 자아를 보는 것이다. 우주 제일의 유일한 원리이며 실재인 "브라만"은 아트만이며 "나"(我)라는 존재 속에 내재되어 있다. 그러므로 참된 나에게 브라만이라는 우주 제일의 원리가 있으니 참된 나를 보면 브라만을 보고, 내가 곧 브라만이 되기 때문에 호흡수행을 통해 나를 본다는 것은 진리를 직접 본다는 논리가 성립된다.

인도 종교에서 브라만은 모든 생명의 근원이며, 사람이 생명력을 갖는 것도 브라만 때문이다. 사람의 호흡 혹은 숨결을 프라나(prana)라고 하고 브라만과 동일시한다. 프라나는 둘로 나뉜다. 만물의 존재의 근원으로서의 프라나와 각 개체의 생명력의 근원으로서의 프라나가 있다. 헬라어 '프뉴마'와 거의 같은 개념이다. 그 인도인들은 호흡을 조절하여 생명력을 발현시키거나 육체를 불멸의 경지까지 끌어올리거나 해탈의 경지에 들어갈 수 있다고 본다.

불교에서 진리는 인식의 주체 안에 있다. 여덟 가지 인식수단을 완전히 바르게 하면 자기 안에 있는 아트만을 통해 브라만을 깨달을 수 있다. 기독교는 달리 가르친다. 진리는 영원 속에 존재하는 하나님이시다. 사람 안에 없고 스스로 깨달아 획득할 수 없다. 믿고 영접할 때에만 사람 안에 들어가 기거한다(요 11:27, 20:31, 계 3:20). 계시된 영원한 진리는 깨닫는 것과는 별도로, 듣고 배우고 익히고 행해야 하는 대상이다(신 31:12, 막 4:20, 롬 10:17). 자연인이 자기 안을 바라보고 깨달음을 수 있는 것은 사람은 완벽하게 부패하고 이지러진, 그리고 끊임없이 오물을 뿜어내는 추악한 존재라는 사실의 일부뿐이다.

석가모니는 깨달음의 비결은 '호흡'이라는 고대 인도사상을 받아들였다. 그래서 '숨결'을 생명의 본질이라고 말했지만 그 이유는 몰랐다. 성경은 그 연유를 "여호와 하나님이 흙으로 사람을 지으시고 생기를 그 코에 불어 넣으시니 사람이 생령이 된지라"라고 밝힌다(창 2:7). 부활하신 그리스도는 제자들에게 "말씀을 하시고 저희를 향하사 숨을 내쉬며 가라사대 성령을 받으라"라고 명령했다(요 20:22).

4) 석가모니는 영원한 진리를 아는가?

석가모니가 깨우침을 얻는데 도움이 되지 않는다는 이유로 대답하기를 거절한 14가지 문제가 있다. 이것을 십사무기(十四無記)라고 한다. 다른 말로, 14불가기(十四不可記) 혹은 14난(十四難)이라고도 한다. 〈중아함경〉 제60권과 〈잡아함경〉 제16권과 제34권에 따르면 다음과 같은 문제들이다. 세계는 영원한가 아니면 유한한가, 영혼과 육체는 같은가 아니면 다른가, 그리고 진리를 깨달은 뒤에 이 세상에 와서 진리를 가리치는 "여래"(如來, 즉, 부처)는 사후(死後)에 존재하는가 아니면 존재하지 않는가 아니면 존재하기도 하고 존재하지도 않는가와 같은 문제에는 전혀 답을 주지 않았다. 이런 형이상학적인 문제는 아무리 따져보아도 끝이 없고 무익하다고 했다. 그렇다. 불교의 교조(敎祖) 석가모니는 자기 안에서 그리고 자기를 통해서 궁극의 완전한 지혜(반야바라밀)를 추구하기는 하였다. 그러나 진정한 의미에서 궁극의 가르침, 영원한 진리를 추구하지는 않았다. 브라만종교를 그대로 계승했다는 점에서 여전히 종교인이지만 브라만교를 대체할 궁극의 '종교'를 창시할 의도가 없었다. 그렇다. 석가모니는 '종교'를 추구하지 않았다. '자아성찰'을 추구했다. 구도(求道)의 종교가 아니라 구도의 지식을 추구하고 가르쳤다.

자등명(自燈明)・법등명(法燈明)

석가모니는 80세에 '파바'라는 곳에서 대장장이 '춘다'가 바친 '수끄라하 맛따빠'라는 요리를 대접받았다. 이 요리에 대해 남방불교 쪽에서는 '돼지죽'이라고 해석하는 경우가 있고, 북방불교에서는 '버섯죽'이라고 주장한다. 음식을 먹은 직후부터 석가모니는 피가 섞인 설사를 하기 시작했다. 80세의 노인이 잦은 금식과 걸식을 반

복하면서 쇠약해진데다가 설사로 인한 탈수증이 겹쳤다. 지친 몸을
이끌고 '쿠시나가라'에 도착해서 제자들을 모으고, 백 살이 넘은 '수
바드라'(스밧다)라는 수행자에게 설법하고 마지막 불제자로 받아들
였다. 그리고 마지막 유훈(遺訓)을 전했다. 〈대반열반경〉(마하빠리닙
바나숫따)의 기록은 다음과 같다.

어느 누구에게도 의지하지 말라.
내가 이 세상을 떠나면 나에게도 의지할 수도 없다.
그러므로 오직 스스로를 등불로 삼아 의지하라,
나의 가르침인 법의 진리를 등불로 삼아 의지하라.

중국에서, '자등명(自燈明) · 법등명(法燈明)'이라는 표현으로 압축
했다. 좀 더 충분하게 '자등명 · 자귀의 · 법등명 · 법귀의(自燈明 自歸
依 法燈明 法歸依)'라고 정리했다. 순서를 바꿔서 '자등명 · 법등명 · 자
귀의 · 법귀의'라고도 한다.

자신을 등불로 삼고, 법을 등불로 삼아야 한다.
다른 것을 등불로 삼으면 안 된다.
자신에게 귀의하고, 법에 귀의해야 한다.
다른 것을 의지하면 안 된다.

지표

〈열반경〉에 따르면, 석가모니는 '보가 나가라'에서 네 가지 큰 지표에 관해 가르쳤다. 만일 누가 이것이 법(法)이고 이것이 율(律)이며 이것이 석가모니의 가르침이라고 주장하거나 행한다면, 그가 누구며 어떤 사람이냐에 따라 무비판적으로 따르거나 거부하지 말고 그가 하는 말의 자구(字句)를 잘 살펴보고 그 말을 경(經)에서 찾아보고 율과 대조해보라고 가르쳤다. 심지어 석가모니 자신이 한 말도 무조건 받아들이지 말라 반드시 자등명하고 법등명하여 믿을만하다고 여겨지면 믿으라고 가르쳤다고 한다. 예를 들면, 〈법구경〉의 난갈라꿀라(쟁기꾼) 이야기를 통해, 다른 것에 눈을 돌리지 말고 자기 자신을 훈계하고 살펴보고 돌보라고 훈계했다.

석가모니는 '영원한 진리' 혹은 '하나님'을 인식의 대상으로 삼지 않았다. 내면의 눈을 열어 자신을 바르게 보고 깨닫기를 원했다. 화살에 맞아 고통을 겪었다면, 진리 혹은 신(神)에게가 아니라 자기 자신에게 원인이 있으니 자아성찰을 통해 두 번째 화살을 맞지 않는 사람이 되기를 원했다.

'유한자는 무한자를 파악할 수 있다'는 것이 석가모니와 근본불교 인식론의 대전제이며, '독자적으로 하라'는 것이 도덕률의 대전제라고 할 수 있다. 형이상학적인, 따라서 종교적인 논의를 거부했다. '유한'과 '무한,' '찰나'와 '영원'과 같은 개념들이 들어갈 여지가 없다고 해야 할 것이다. 기독교는 이와 반대이다. 유한자는 무한자를 파악할 수 '없다'(finitum non capax infiniti)는 것, 따라서 불가해성(不可

解性)은 기독교의 대전제이다. 어리석고 무지하고 유한한 존재인 사람은 아무리 궁리해도 영원한 것을 알 수 없다. 영원한 것은 영원한 자만이 알 수 있고, 무한한 것은 무한한 자만이 알 수 있고, 진리는 진리 그 자체 혹은 진리를 품은 자만이 알 수 있다. 유한자는 무한자가 알려주기 전에는 자기 자신에 대해서조차 바르고 정확하게 인식하지 못한다.

그래서 하나님이 우리에게로 와서 진리를 보여주고 가르치고 믿게 한다. 그리고 우리 자신에 대해서도 가르쳐준다. 그러므로 계시된 진리를 배우고 익히고 실현하려고 애쓰는 것이 사람의 본분이다.

"이스라엘이 여호와께서 애굽 사람들에게 베푸신 큰 일을 보았으므로 백성이 여호와를 경외하며 여호와와 그 종 모세를 믿었더라"(출 14:31)
"보혜사 곧 아버지께서 내 이름으로 보내실 성령 그가 너희에게 모든 것을 가르치시고 내가 너희에게 말한 모든 것을 생각나게 하시리라"(요 14:26)
"네가 진리의 말씀을 옳게 분변하며 부끄러울 것이 없는 일군으로 인정된 자로 자신을 하나님 앞에 드리기를 힘쓰라"(딤후 2:15)

'제 앞가림도 못하는 주제에…,' '자기 앞가림이나 먼저 하지…,' '변변치 못한 것이….' '수신제가…'라는 식의 말은 좋은 말이기도 하지만 경우에 따라서는 비기독교적 사유방식을 대변하는 수도 있다. 조심해야 한다. 특히, 교회의 일을 맡았거나 맡으려는 이들을 향해 이런 식의 말을 해서는 안 된다. 믿음과 교회의 일은 하나님의 은혜와 능력으로, 그리고 '서로 도움'으로 하는 것이다.

5) 얼마나 수행을 해야 '여래'(如來) 즉, 부처가 될 수 있는가?

여래삼불능(如來三不能)

석가모니는 죽기 전에 부처도 해주지 못하는 세 가지가 있다고 가르쳤다. '자등명법등명, 자귀의법귀의'라는 지침과 짝을 이루는 것으로 '여래삼불능'이라고 한다. 첫째, 수행자가 스스로 자신의 과업을 바로 잡지 못하면 부처도 어쩔 수 없다. 인과응보의 법칙은 부처도 깨뜨리지 못한다는 뜻이다. 둘째, 부처와 인연이 닿지 않는 사람은 도와주지 못한다. 부처는 인연을 만들지 못한다는 뜻이다. 셋째, 부처는 모든 사람을 구제하지 못한다. 부처는 전능하지 않다는 뜻이다. 결국, 스스로 알아서 잘 하는 것 이외에는 도리가 없다. 못나도 자기 탓이고 잘나도 자기 탓이다. 자신의 운명은 자기 할 탓이다. 그러면 얼마나 잘해야 할까? 자신을 최상의 수준으로 맑게 비우면 될까? 얼마나 오래 닦아야 될까? 최상의 수준까지 갈고 닦은 자신의 내면을 얼마나 오래 들여다 보아야 할까?

삼아승기겁(三阿僧祇劫)

석가모니는 자신은 '삼아승기겁'에 걸쳐 수행하여 부처가 되었다고 한다. 달마선사가 석가모니의 말이라고 인용해서 설명하면서 '삼아승기겁'이라는 기간은 '무지하게 오랜 기간'을 뜻하는 비유적 표현이라고 설명했다. 그런데 〈화엄경〉은 인도의 수량(數量) 단위를 120가지를 소개한다. 이 가운데 '아승기'(asamkhya)는 '10의 58승'이다. 우리가 잘 알고 있는 '억'(億)은 10의 8승이고 '조'는 10의 12승이다. 그러니 58승인 아승기는 엄청난 수인데, 고타마 싯다르타는 '아승기×3' 년에 걸쳐 수행해서 부처가 되었다. 아니면 아승기는 2년을 가리키는 용어이고 〈화엄경〉이 틀렸든지.

백대겁(百大劫)

인도의 시간 단위에서 '겁'(劫, Kalpa)은 43억 2천만 년을 한 단위로 하는 용어이다. 1대겁은 80겁이니 백대겁은 8,000겁이다. 성불하기 위해서는 '43억 2천만×8,000'년의 세월이 걸린다. 대겁, 중겁, 소겁은 비유적 표현이 결코 아니다. 우주의 생성과 소멸을 정밀하게 설명하기 위해 고도의 수학을 동원한 것이다. 정밀한 우주론을 전개하고, 그 가운데 성불과 부처에 대해 설명하고자 한 것이니 결코 비유가 아니다.

석가모니의 성불

고타마 싯다르타는 29세에 출가해서 35세에 큰 깨달음을 얻어 석가모니가 되었다. 그런데 〈열반경〉에는 단지 6년의 수행으로 붓다가 된 것이 아니라고 가르친다. 전생에 '설산동자'로 태어나 수행한 공덕이 있단다. 설산동자는 아무리 노력해도 진리를 깨우치지 못했다.

그러다 길을 가던 중에 '제행무상'(諸行無常-변하지 않는 존재는 없다), '시생멸법'(是生滅法-있다가 없어지는 것이 법칙이다)이라는 여덟 글자가 들려왔다. 깊고 오묘한 깨달음이 담긴 게송을 듣자 환희를 느낀 설산동자는 이 게송의 나머지 반을 들려달라고 했다. 그러자 게송을 읊던 이는 자신은 사람의 살을 먹고 피를 마시는 나찰인데 며칠을 굶어 기력이 떨어졌다며 거절했다. 그러자 설산동자는 나머지 절반의 게송을 들려주면 자신의 몸을 먹잇감으로 주겠다고 제안했다. 불과 여덟 글자의 게송을 듣기 위해 목숨을 버리느냐고 의아해하는 나찰에게 무지하다고 꾸짖었다. 나머지 여덟 글자를 얻어 깨달음을 완성하는 것은 질그릇을 깨고 금 그릇을 얻는 것과 같다면서 재촉했다. 나찰은 설산동자의 다짐을 받고 '생멸멸이'(生滅滅已-생기고 없어지는 것조차 없어지면), '적멸위락'(寂滅爲樂-열반의 즐거움을 누린다)이라는 나머지 여덟 글자를 들려주었다. 나머지 여덟 글자를 들은 설산동자는 기꺼이 약속대로 높은 바위에 올라가 나찰에게 자신의 몸을 던졌다. 아래에 있던 나찰은 '제석천'이라는 천신의 모습을 드러내며 공중에서 떨어지는 설산동자를 두 손으로 받아서 내려놓았다.

연등불수기(燃燈佛授記)

'수기'란 수행자에게 장래에 틀림없이 부처가 될 것이라는 예언하며 인증해주는 것이다. 연등불수기는 '연등불'(Dīpamkara)이라는 과거불이 전생의 석가모니에게 장래에 부처가 될 것이라고 미리 인증해준 사연을 적은 기록이다.

고마타 붓다는 어떤 전생에서 수메다(Sumedha)라는 승려였다. 연등불이 온다는 소식을 들은 수메다는 꽃을 바치고 싶었다. 그러나 그 곳의 국왕이 자기만 꽃을 바치려고 모든 꽃을 압수한 뒤, 사고팔지 못하게 만들었다. 그래서 수메다는 꽃을 구할 수가 없었다. 그때 수메다는 곁을 지나는 한 여인이 꽃을 감추고 있는 것을 알아챘다. 그래서 오백 명이 바친 은 5백 닢을 줄 테니 꽃 다섯 송이를 팔라고 여인에게 간청했다. '구이'라는 이 여인은 꽃을 어디에 쓰려고 그러냐고 물었다. 수메다는 부처에게 공양할 것이고, 지혜를 얻어 중생을 제도할 작정이라고 대답했다. 여인은 수메다에게 감동해서 다음 생부터는 자신과 결혼해준다는 약속을 받은 뒤에 다섯 송이를 팔았다. 그리고 나머지 두 송이마저 내밀면서 자신은 여자라 부처님 앞에 나갈 수 없으니 자기 대신 이 두 꽃을 바쳐달라고 부탁했다.

일곱 송이 연꽃을 든 수메다는 부처를 보려고 몰려든 사람들 때문에 다가가지 못했다. 연등불은 수메다가 자기에게 올 수 있게 하려고 신통력으로 땅을 진흙탕으로 만들었다. 사람들은 진흙탕을 피해서 물러나다보니 자연스럽게 수메다의 앞길을 터주게 되었다. 수메다는 연등불 앞으로 나가면서 꽃을 던졌다. 다섯 송이는 해를 가려 사람들에게 그늘을 드리웠고, 두 송이는 연등불의 양 어깨 위에 올라앉았다. 수메다는 자신의 머리카락을 진흙탕 위에 늘어놓아 연등불이 밟고 지나갈 수 있게 하였다. 연등불은 수메다의 머리카락을 밟으면서 앞으로 9겁 뒤에 부처가 될 것이고 그때 이름은 '석가모니'라고 수기했다. 여기에서 끝이 아니다. 수메다는 2만 년을 더 수행하며 공덕을 쌓았다. 수메다는 결국, 고타마 싯다르타로 환생해서 석가모니가 되었고, 이때 꽃을 팔고 결혼을 약속받은 여인은 '야소다라'로 환생하여 아내가 되었다.

고타마 싯다르타는 6년간의 출가수행으로 성불한 것이 아니다. 본생경(本生経) 혹은 본생담(本生譚)으로 한역된 〈자타카〉(Jataka)라는 불경은 석가모니가 고타마 싯다르타로 태어나기 전에 살았던, 547번의 전생을 이야기로 풀어낸 책이다. 고마타 싯다르타는 548번째 삶에서 부처가 되었다. 그런데 '아승기'(10의 58승)×3의 시간 동안 수행하고, 법구(法句)를 얻기 위해 자기 몸을 나찰의 먹잇감으로 바치고, 부처를 만나 순수함을 인정받고, 다시 9겁(43억 2천만 년×9) 뒤에 태어나 6년의 고행을 통해 진리를 깨달았다. 548번째에.

불경에 기록된, 성불에 소요되는 가장 짧은 시간은 3겁 즉, 129억 6천만 년이다. 불가에서는 이러한 개념과 설명은 '아주 오랜 시간 수행해야 한다'는 비유적 표현이라고 한다. 하지만 오랜 시간이 걸린다는 비유적 표현이 아니라 '절대적으로 불가능하다'는 비유라고 해야 맞다. 불가의 수행은 '체념'하며 죽을 날만 '하염없이' 기다리는 것이라고 해야 맞다. 그래서 대승불교는 그 이전의 석가모니와 소승불교와는 다른 석가모니를 가르친다. 아니 그럴 수밖에 없었다.

아미타여래의 성불

〈비화경〉에 따르면, '법장'이라는 비구가 연등불 이후 54번째 부처로 출현한 세자재왕(世自在王) 부처의 설법을 듣고 아미타 부처가 되었다, 하지만 〈무량수경〉(無量壽經)의 원본에서는 전혀 다르게 말한다. 연등불 훨씬 전에 성불했다고 설명한다. 법장은 성불하기 위해 '5겁'을 수행했다. 주의해서 보면, 법장은 남다른 자질과 청정한 마음을 가진 상태에서 '5겁'을 수행하고도 성불하지 못했다. 결국, 48가지 서원(誓願)을 세워 그 공력으로 성불했다. 청정한 수행을 5겁 즉, 법장은 216억 년에 걸쳐 수행했는데도 해탈할 수 없었는데 '서원'은 해탈을 가능하게 했다. 불자들의 '염원'은 능력이 있다는 메시지를 주고자 하는 것 같으나 실제로는, 중보적 구세주가 하나님 앞에 맹세하고 구원한다는 기독교적 구원교리에 상당히 유사하다.

만민의 구원자 석가모니

대승불교의 〈묘법연화경〉(삿다르마 푼다리카 수트라) 혹은 약칭으로 〈법화경〉이라고 하는 불경의 '여래수량품'(如來壽量品)에 따르면, 석가모니는 자신은 한량없는 과거세에 성불하였고 언제나 현세 속에서 중생을 교화한다고 선언한다. 이것은 '영원 속에 거하는 하나님'이라는 개념에 다름 아니다. 비유품에서는, 모든 중생(衆生)이 다 나의 자식이라고 선언한다. 즉, 석가모니는 이 세계를 다스리고 있다. 모든 사람은 단 한 순간도 부처의 보살핌에서 벗어난 적이 없고 예외 없이 구제하겠다는 맹세를 하였다. 만유를 다스리는 주권자 하나님과 영원한 구원자의 개념이다. 근본불교에서 가르친 고타마 붓다와는 전혀 다른 전지전능한 부처의 출현이다. 그럼 중생은 수행할 필요가 없다는 말인가? 사실, 이렇게 가르치는 불교 종파가 생겼다.

이런 부처를 내세워야할 필요성과 이런 불교종파가 생겨나게 된 계기는 무엇일까?

〈법화경〉은 '자등명법등명'과 지표, 사성제와 팔정도라는 수행덕목, 그리고 '여래삼불능'과 모순이다. 그래서 〈법화경〉은 석가모니가 죽기 전, 마지막 3년 동안 가르친 교훈을 모아놓은 것이며 그 이전 42년에 걸쳐 가르친 것을 부정하는 것으로 시작한다. 하지만 석가모니가 죽음에 임박해서 '자등명법등명'과 지표를 가르친 것으로 묘사하는 〈열반경〉과도 모순을 일으킨다.

〈법화경〉 '방편품'은 '여래삼불능'은 자기 스스로 정화(淨化)하려 들지 않고 선(善)을 쌓고자 하지 않고 뜻을 세우지 않는 중생에 대해서는 부처가 관여하지 않는다는 뜻이라고 설명한다. 결국, 여래삼불능의 불능은 부처의 불능이 아니라 중생의 불능이라는 것이다. 부처는 나태하고 의지가 없는 중생의 구제에 간여하지 않는다는 의미라는 것이다. 당나라 때의 승려 '원규'는 업보와 인연은 일시적이고 중생은 그 수가 고정되어 있기 때문에 삼불능은 현세에 부처가 일시적으로 겪는 문제에 불과하고 따라서 본래적인 부처에게는 불능이 없다고 설명한다. 〈법화경〉과 원규는 붓다의 전능성을 주장하려고 애를 쓴다.

'지성이면 감천'이거나 '삼세번에 득한다'거나 '정성이 갸륵하면' 하늘이 돕는다는 것은 무속적이며 후기 불교적이다. 오직 하나님만이 이루신다(신 4:4, 4:39). 그 하나님을 믿어야 한다(막 11:22). 진짜 하나님을 알고 그 하나님에게만 의존하는 것이 지혜이며, 인생의 본분이다(사 43:10-11). 예수 그리스도는 '구하라,' '찾으라,' '문을 두드리라'라고 명령하고 소원은 성취될 것이라고 장담한다(마 7:7, 눅 11:9). 그러나 '구도자'의 정성이나 노력이나 방법 때문이 아니다. 기독교는 결코 '구도의 종교'가 아니니 구도의 도리는 소용이 없다. 기독교는 계시종교이다. 하나님이 자신의 이름을 '반포하고, 은혜 베풀 자에게 은혜를 베풀고, 긍휼히 여길 자에게 긍휼을 베풀겠다'고 약속했고, 약속을 성취하기 위해 예수 그리스도로 왔다. 그러니 예수 그리스도를 구하고 찾으라고 가르친 것이다(출 33:19, 롬 9:15).

6) 석가모니는 악마를 무엇이라고 가르쳤는가?

불교가 성립되기 오래 전부터, 인도 종교는 수행자를 방해하는 '악마'가 존재한다고 믿었다. 이 존재를 산스크리트어로 '마라'(魔羅)라고 한다. 줄여서 '마'(魔)라고 한다. 인도 신화에서 마라의 왕 '파피야스'는 뛰어난 미모를 지닌 자신의 딸 '압사리스'를 보내 수행자들을 유혹하게 한다. 〈파다나수타(Padhanasutta)〉라는 불교경전은 석가모니가 큰 깨달음을 얻기 직전에도 '악마'가 다가와서 크게 시험하였고 성적 유혹을 하기도 했다고 한다.

'팔리어'로 기록된 〈수타니파타(Suttanipata)〉라는 불경이 있다. 석가모니의 말씀을 모아놓은 경전이라는 뜻의 이름인데 남방불교에서는 아함경과 함께 중시하는 불경이다. 이 〈수타니파타〉에는 석가모니가 '악마'로부터 시험을 받는 장면이 기록되어 있다. '나무치'라는 악마가 다가와서, 〈베다〉를 학습하여 청정한 행동을 하고 공덕을 쌓으면 되지 굳이 고행을 할 필요가 없지 않느냐는 질문으로 유혹했다. 〈아함경〉에는 '라다'(羅陀)라는 제자가 '악마'의 정체에 관해 묻고 석가모니가 대답한 내용이 기록되어 있다. 〈증일아함경〉에는 '파순'(波旬)이라는 악마에게는 빛깔의 힘, 소리의 힘, 냄새의 힘, 맛의힘, 감촉의 힘이 있다고 한다. 이것을 오욕(五慾)이라고 하는데 악마 파순을 이기는 비결은 '나태하지 않는 것' 즉, 오욕에 얽매이지 않도록 항상 경계하는 것이라고 한다.

석가모니는 다섯 '온'이 악마라고 규정했다. '온'(蘊)은 개별존재를 구성하는 기본요소를 가리킨다. 색(色-물질적인 부분), 수(受-감각을 받아들이는 것), 상(想-대상에 대해 생각하는 것), 행(行-의지하고 행하는 것), 식(識-인식하는 것)은 생명활동의 기본인 동시에 집착을 갖게 되는 원인이다. 석가모니는 이 다섯 가지를 악마라고 했으니 '마라'는 인격을 갖춘 독립된 실체가 아니라 수행을 방해하는 '심리적 현상'이라고 가르친 셈이다. 결론적으로, 석가모니는 악마는 존재하지 않는다고 가르쳤다. 석가모니의 방식을 적용한다면, 불교설화에 등장하는 모든 악마는 심리적 현상을 의인화(擬人化)한 것이고, 주관적인 인식을 객체화(客體化)한 것이다. 초자연적인 능력을 가지고 있으며 악한 짓을 벌이는, 독립된 인격체로서의 '악마'는 후대에 변질된 관념이다.

영혼 문제를 거론하며 '천도재'를 지내는 현대 불교에 관해 석가모니는 무엇이라고 할까? 육체가 소멸되고 남은 '나'를 뭐라고 할까? 석가모니는 '마'(魔)는 실체가 아니라고 했다. 무서워할 것이 아니라 극복해야할 자신이었다. 성경은 악마 즉, 마귀는 하나님의 영적 피조물이라고 가르친다. 그러나 만물의 진정한 주권은 예수에게 있다.

"예수께서 나아와 일러 가라사대 하늘과 땅의 모든 권세를 내게 주셨으니"(마 28:18)

유혹에 굴복하는 것이 문제다. 세상에 속한 '염려'와 온갖 '욕심', 그리고 악하고 무익한 선택을 하는 탓이다(막 4:19). 악한 본성과 악한 꾀가 비참과 불행의 근원이다. 하지만 사람은 자신의 본성을 극복하지도 고치지도 못한다. 오염된 물을 쏟아내는 샘이 스스로 근원을 고쳐 좋은 물을 내지 못한다. "하나님을 따라 의와 진리의 거룩함으로 지으심을 받은 새 사람을 입'고(엡 4:22-24), '그리스도 예수를 주로 받'아 그리스도 '안에 뿌리를 박으며 세움을 입어 교훈을 받은 대로 믿음에 굳게 서서 감사함을 넘치게' 해야 한다(골 2:6-7).

7) 석가모니는 신(神)인가?

'석가모니는 신(神)인가'라는 질문은 가장 비불교적 질문 가운데 하나일 것이다. 석가모니는 '신'의 문제에 관심을 끊었다. 깨달음을 얻어 해탈하여 열반에 들어가는 것은 '멸'(滅) 즉, '꺼져서 없어지는 것'이므로, 불교는 유신론(有神論)이 되어서는 안 된다. 석가모니는 자신을 신(神)으로 생각하지도 섬기지도 못하게 했다. 부처와 중생은 일반이라는 석가모니의 입장이다. 따라서 불교는 철저한 무신론(無神論)이다. 그러나 후대의 불교는 '천신'(天神)이라는 용어를 일상적으로 사용한다. 하늘에 신(神)이 무리(衆)지어 있기에 신중(神衆)이라는 용어를 사용한다. '천신'은 산스크리트어 'devata'를 한역한 것이다. 불교에서 천신 가운데, '범천'(梵天)과 '제석천'(帝釋天)이 가장 중요하다. 천계(天界)의 동서남북에서 왕 노릇하다가 석가모니의 불법을 듣고 불교에 귀의하여 수호신이 되어 줄곧 사찰의 문 옆에 서 있는 사대천왕(다문천왕, 지국천왕, 광목천왕, 증장천왕)도 신이다. 신과 사람의 혼혈인 '아수라' 등 많은 신이 있다. 게다가 이런 신들이 살아가는 세계가 따로 있다. 본래 이런 신들은 고대 인도의 신화(神話)를 흡수한 것인데, 신들조차도 윤회의 굴레를 벗어나지 못한다. 그러니 '천신'이라는 존재는 석가모니와 불법에 비할 수 없이 낮은 존재이다.

　〈법구경〉(法句經)은 423개의 짧은 게송을 모은 불경이다. 이 게송들을 이해하기 쉽게 하려고 여러 비유(譬喩) 이야기를 붙인 것이 〈법구비유경〉이다. 불교에서는 '탐욕' '분노' '어리석음'을 탐진치(貪瞋癡) 혹은 삼독심(三毒心)이라고 부르고, 불교수행에 가장 방해되는 것이라고 규정한다. 〈법구비유경〉에는 분노를 다스리라는 뜻으로 다음과 같은 이야기가 실려 있다.

마가다 왕국의 수도인 '라자그라하'에서 걸식하며 수행하던 어떤 사람이, 새끼를 낳은 암소에게 받쳐 죽었다. 이 소의 주인은 겁이 나서 즉시 이 소를 팔아버렸다. 아무것도 모른 채 소를 산 새 주인은 이 소에게 물을 먹이려고 물가로 끌고 가다가 또 소에 받쳐 죽었다. 새 주인의 아들은 화가 나서 이 소를 죽여 고기로 팔았다. 어떤 시골 사람이 이 소머리를 사서 집으로 가지고 가다가 피곤해서 나뭇가지에 소머리를 걸어놓고 편안히 누웠다. 그런데 소머리를 나뭇가지에 묶었던 끈이 끊어졌다. 공교롭게도 이 소머리가 떨어지면서 그 뿔이 나무 아래에 누웠다가 잠든 세 번째 주인의 가슴에 박혔다. 이렇게 세 번째 주인도 죽었다. 소 한 마리 때문에 세 명이 연달아 죽은 기괴한 사고를 보고받은 빔비사라 왕은 석가모니를 찾아와 이 사건의 연유를 물었다.

석가모니는 빔비사라 왕에게, 이 날 죽은 세 사람과 소에 얽힌 전생을 이야기했다. 소에게 죽은 세 사람 모두 전생에 동료 상인들이었다. 장사하러 함께 외국에 나갔다가 홀로 사는 어떤 할머니 집에 묵었는데 숙박비를 주지 않고 몰래 도망쳤다. 화가 난 노파가 악착같이 세 장사꾼을 좇아갔다. 마침내 세 사람을 붙잡고는 숙박비를 내놓으라고 따졌다. 그러자 세 장사꾼은 숙박비를 치렀는데 또 돈을 달란다고 도리어 화를 냈다. 세 상인과 할머니는 옥신각신 실랑이를 벌였다. 힘없는 할머니는 젊은 세 사람이 우기는 것을 도저히 당해낼 수 없자 분노가 치밀었다. 그래서 내가 다음 생에 축생으로 태어나서라도 너희 셋을 반드시 한꺼번에 죽이고 말겠다고 맹세하며 저주했다. 그래서 그 노파는 암소로 환생하여, 전생에서 원한을 품었던 세 상인을 만나 차례로 죽였던 것이다.

석가모니가 했다는 이 이야기는 불교의 기본교리의 탁월성을 드러내 보일 의도가 분명하지만, 오히려 상당한 문제점을 드러낸다. 심지어 석가모니의 기본적인 가르침, 불가의 업, 윤회 등에 관한 기본교리에 상충하는 측면도 노출시킨다. 세 상인은 나쁜 일을 했다. 그런데 무슨 까닭인지 모르지만 사람으로, 그것도 모두 남자로 태어났다. 그 가운데 한 사람은 최상의 기회인 수행자 신분이 되었다. 숙박비를 떼인 것은 억울한 일이지만 세 사람을 죽이겠다는 분노와 원한은 다음 생에서 복수할 기회를 만들 정도라니 도대체 윤회라는 수레바퀴를 돌리는 규칙은 무엇인가? 전생에 타국에서 만났던 할머니와 상인 세 사람이 최소한 1겁 즉, 43억 2천만 년이라는 시간이 흐른 뒤에, 같은 시대에, 같은 나라(마가다 왕국), 같은 도시(라자그라하)에서 살다가 같은 날 만날 확률은 얼마나 될까? 할머니의 악한 '저주'는 장구한 세월을 뛰어넘어 그대로 성취되었다. 분노와 저주는 그처럼 대단한 신통력이 있으니 조심하라는 경고로 충분할까? 세상을 관통하는 법칙을 좌우할 정도로 엄청난 위력을 갖고 있는 '분노'와 '저주'에 대해 특별한 설명이 필요하다?

석가모니가 신통한 능력이 있다면 석가모니가 활동하던 바로 그 시대에, 그 나라에서, 왜 석가모니는 이 사건에 개입하지 않았는가?

자연법칙을 발견하고, 그 법칙에 순응하거나 도전하는 것은 종교가 아니다. 우주만물의 생성과 유지와 소멸에 관련된 일체의 법칙도 우주에 속한 것이다. 우주 속에 굉장하고 거대하고 강력한 무엇인가가 있다고 해서 그것이 우주를 지배하는 것이 아니다. 즉, 우주법칙과 법칙의 힘 역시도 우주의 일부에 불과한 것이다. 자연에 깃들어 있는 법칙, 그 법칙을 깨뜨리는 것처럼 보이는 놀라운 현상, 강력한 힘은 여전히 자연의 일부일 뿐이다.

어떤 사람의 발자국을 발견했다고 해서 그 사람을 발견한 것으로 여겨서는 안 된다. 그 발자국을 면밀히 관찰해서 그 발자국을 남긴 사람이 남자인지, 키는 얼마쯤인지, 언제 어느 방향으로 갔는지, 뛰어갔는지 천천히 걸어갔는지 등등을 추론했다고 해서, 그 사람의 존재와 인격과 삶을 아는 것이 아니다. 피카소의 그림을 아무리 철저하고 정확하게 분석했다고 해서 피카소를 만나지도 알아보지도 않고도 피카소라는 인격체를 본질적으로 안다고 할 수 없다. 그런 점에서 신의 문제에 관심을 갖지 말라고 한 석가모니는 현명했다. 피조물이 관찰하고 분석하고 묵상하여 알아낼 수 있는 것은 껍데기일 뿐이다. 그런데 신에게는 껍데기가 없다.

석가모니는 우주를 관통하는 법칙을 발견하면 그 법칙과 자신이 하나가 될 수 있다고 믿었다. 초월할 수 있다고 믿은 것이 아니다. 성경은 우주만물과 법칙을 창조하고 지배하는 영원한 왕을 찬양한다. 구약성경은 이 영원한 왕이 세상에 올 것을 예언한다.

"보라 처녀가 잉태하여 아들을 낳을 것이요 그 이름을 임마누엘이라 하리라……그 어깨에는 정사를 메었고 그 이름은……전능하신 하나님이

라, 영존하시는 아버지라, 평강의 왕이라 할 것임이라"(사 7:14, 9:6)

예수는 자신의 신성을 주장했고(요 3:13, 10:30) 증명했다(롬 1:4).
사도들은 예수가 '만유(萬有)의 주(主)'라고 선언한다(행 10:36).

8) 석가모니는 열반에 들어갔는가?

열반(涅槃, Nirvana)은 고대 인도종교의 특징이며, 목적이다. 본래
의 뜻은 '(바람이)불기를 멈춘다,' '(촛불을)불어서 끈다,' '(촛불이)꺼진
상태'를 가리킨다. 그래서 원뜻을 따라 '멸'(滅), '적멸'(寂滅) 등의 한
자로 옮기기도 한다. 가장 단순하게는 '호흡이 멈췄다' 즉, '숨이 끊
어졌다'는 의미에 다름 아니다. 그래서 승려가 죽었다는 뜻으로 열
반, 입적, 입멸이라는 단어를 쓰기도 하고, 번뇌를 끊고 진리를 깨달
은 상태에 들어갔다는 의미로도 사용된다. 불교의 부파에 따라 열반
을 다르게 정의하고 여러 가지로 나누기도 한다.

소승불경 〈수타니파타〉 제5장에서 석가모니는 '헤마카'라는 제자
에게, 보고 듣고 생각하고 식별한 아름다운 사물에 대해서 탐욕을
없애는 것이 영원한 열반의 경지라고 가르쳤다. 그리고 '토오데'라
는 제자에게, 일체의 욕망도 애착도 온갖 의혹도 초월한 사람에게는
따로 해탈이 없다고 가르친다. 아무 소원이 없는 사람, 지혜를 가졌
지만 그 지혜로 무엇인가를 이루려고 하지 않는 사람이 해탈하여 열
반의 경지에 있는 사람이라는 것이다. 이 가르침에 따르면 '열반'은

살아서 도달할 수 있는 경지이다.

미린다왕문경

미린다(Milinda, 彌蘭陀)는 인도 서북부의 박트리아 왕국을 다스린 메난드로스(Menandro, B.C. 160~135)를 가리킨다. 미린다 왕이 불교교리에 관해 묻고 불교승려 나가세나(邢先)가 답하는 문답집이 포함되어 있다. 그래서 〈미린다왕문경〉은 B.C. 1세기~A.D. 1세기 전반에 만들어진 것으로 본다. 열반에 관해 다음과 같이 가르친다. 열반에 들어갈 때 모든 것이 소멸된다. 그래서 부처가 여기에 있다 저기에 있다 말할 수 없다. 열반은 존재하지만 설명할 수 없다. 다만, 자신의 손발이 잘리지 않았다할지라도 손발이 잘린 다른 사람의 비명소리와 고통스러운 모습을 보고 그 고통을 알 수 있듯이, 열반에 들어가지 못한 사람도 열반에 든 사람의 희열에 찬 표현을 듣고서 열반의 행복을 알 수 있다. 살아서 열반에 들어간 사람 즉, 일체의 번뇌를 끊은 사람은 육체적인 고통은 느끼지만 정신적인 고통은 느끼지 않는다. 과거의 업이 다하여 육신에서 해방될 때까지 고요히 기다린다. 석가모니의 설법을 듣고 그 자리에서 열반에 든 재가신자들이 많았다. 이런 재가신자로서 열반에 든 사람들은 전생에 충분히 출가 수행을 했기 때문이라고 한다. 따라서 열반은 일생의 수행으로는 도달할 수 없는 것이다.

'마음의 평안을 얻는 것'은 종교의 목적이 아니다. '평안' 혹은 '위안'을 목적으로 삼는 것은 참된 종교가 아니다. '쉼'을 찾아 떠난 나그네는 발걸음을 멈추기 전에는 결코 쉼을 찾지 못하는 것처럼, '평안'을 찾는 종교는 찾기를 중단하고 삼가고 경외하는 마음으로 하나님의 말씀을 청종(聽從)하는 길을 먼저 찾아야 한다. 평안과 축복이 아니라 하나님의 나라와 의를 먼저 구하라(마 6:33).

'마음의 평안'을 신앙, 헌신, 성화의 기준으로 삼는 기독교인이 많다. 마음이 평안한 것을 하나님의 허락하신 증거로 생각하려는 심리는 교회 밖으로 털어내야 한다. 땅을 밟고 사는 인생은 마음을 두려움과 삼감으로 채워야 마땅하다(사 6:5, 출 14:31, 행 10:35).

9) 선행과 윤회

불교는 인도 고대종교의 '업'(karma) 사상을 그대로 받아들여 가르친다. 해탈하지 못한 존재는 열반에 들지 못하고 윤회의 굴레를 계속 돌아야 하는데, '업' 때문이다. 심지어 해탈했더라도 과거의 업이 남아 있으면 그 업이 다 없어질 때까지 계속해서 육신에 머물면서 육신의 고통을 느껴야 한다. 사람은 몸과 말과 뜻을 통해 업(業)을 짓는다. 업은 사람이 행한 것의 공과이며 윤회하는 인간의 삶을 규정한다. 결국, 업은 존재를 지배하는 법칙인 셈이다.

과거 혹은 전생에 행한 일로 대가를 치르는 것을 과보(果報) 또는 업보(業報)라고 하고, 인과응보(因果應報)라고도 한다. 현생에서 쌓은 '업'을 현생에서 받거나(順現業) 다음 생에서 받거나(順生業) 차후

생에서 받거나(順後業)한다. 그러므로 '업'이란 운명을 결정짓는 원인으로서의 죄과(罪過)를 의미한다. 불교에서 '업'을 가르치는 것은 자신이 당면한 모든 불행과 곤란은 자기 자신 때문이라고 가르치고, 체념하고 현실에 만족하고 충실하도록 가르치기 위한 것이다. 불교에서 선행을 가르치는 것은 현생이든 다음 생이든 불행한 삶을 피하기 위한 방편이다. 윤회에서 벗어나 해탈하기 위한 유일한 방법은 깨달음 밖에 없다는 것이 석가모니의 가르침이라면 불교는 선행에 의한 구원을 가르치지 않는다는 명제가 성립된다. '선업(善業)을 쌓자'는 개념 자체도 불가수행을 통해 끊어야할 욕구일 수 있다는 점에서 석가모니의 가르침과도 어긋난다.

윤회(輪廻, samsara)

윤회는 해탈하여 열반에 들어가지 못하면 고통과 번뇌로 가득 찬 세계에 다시 태어나기를 반복한다는 믿음이다. 고대 인도의 종교사상인 윤회는 인도에서 발생한 종교의 도덕률을 지탱하는 기반으로서 매우 중요한 교의(敎義)인데 불교가 그대로 받아들였다. 존재하는 모든 것 즉, 우주만물은 윤회의 바퀴를 타고 돈다고 본다. 근본불교는 이 교의(敎義)를 전제하고 출발했다. 다만 이 윤회의 순환고리를 어떻게 벗어날 수 있느냐는 점에 집중했다. 우주론은 창조신을 전제하는 종교에서 필수적인 것이며, 우주의 순환고리를 벗어나지 못하면 정교한 우주론을 전개한들 무의미하기 때문이다.

후대의 불교는 우주론을 치밀하게 전개한다. 〈화엄경〉에 따르면,

우주는 이 세상을 가리키는 '욕계'(欲界) 이외에도 색계(色界)와 무색계(無色界)로 구성되어 있다. 욕계는 욕망과 욕심으로 이뤄진 세계라는 뜻이다. 욕계는 지옥도(Naraka) 아귀도(Preta) 축생도(Tiryagyoni) 수라도(Asura) 인간도(Manusya) 천신도(Deva)라는 여섯 길(六道)로 되어 있다. 해탈하지 못한 존재는 업보에 따라 '육도'에 맞는 모습으로 다시 태어나기를 끝없이 반복한다.

28단계의 하늘

불교에서는 하늘이 28단계(층)로 되어 있다고 본다. 윤회를 반복하는 세상인 욕계의 하늘(天)은 6단계로 되어 있다. 욕계 위에 있는 색계는 18단계의 하늘로 구성된다. 색계의 위에 있는 무색계는 4단계의 하늘로 구성된다. 엄밀히 말하자면, 깨달음의 경지를 높여서 육도를 벗어나고 그 위에 있는 28단계의 하늘을 벗어나는 경지에 도달하는 것이 '부처'의 경지이며 '열반'의 경지이다. 삼계를 벗어날 수 있는 깨달음을 얻지 못하면 윤회를 반복할 수밖에 없다.

대겁(大劫)을 반복하는 우주

화엄경에 따르면 우주가 생로병사에 해당하는 네 단계를 끊임없이 반복한다. 각 단계의 길이를 중겁(中劫)이라고 한다. 우주가 형성되는 성겁(成劫), 그 존재가 유지되는 주겁(住劫), 우주가 붕괴되기 시작해서 소멸되는 괴겁(壞劫), 우주가 소멸된 뒤 아무것도 없는 상태로 있는 기간인 공겁(空劫), 이렇게 성(成)·주(住)·괴(壞)·공(空)

4중겁을 1대겁(大劫)이라고 한다. 1중겁은 20소겁(小劫)이니, 1대겁은 80소겁이다. 1소겁은 43억 2천만 년이니 1중겁은 8640억 년이고, 1대겁은 3조 4560억 년이다. 그런데 구사론에서 주겁을 설명하는 중에 인간의 수명에 관해 논하는 대목이 있다. 사람은 8만 4천 살의 수명으로 출발한다. 탐진치에 물들어 과업을 쌓아 수명이 줄어드는데 100년마다 1살씩 줄어 10살까지 된다. 사람이 수명이 10살이 되면 다시 100년마다 1살씩 늘어 8만 4천 살로 되돌아간다. 8만 4천 살에서 10살까지 줄어드는 것을 1감(減), 10살에서 8만 4천 살까지 늘어나는 것을 1증(增)이라고 한다. 1감과 1증을 20회 반복하는 것이 주겁의 특징이다. 이 방식으로 계산해서 1소겁(증감겁)은 1천 6백만 년에서 2천 년이 빠지며 1중겁은 3억 2천만 년이라고 계산하는 이가 있다.

번뇌를 끊고 위안을 찾는 종교라면 우주의 질서와 법칙에 대한 통찰은 필요치 않다. 아프면 의사를 찾아가서 시키는 대로 하면 한다. 목이 마르면 샘을 찾든지 생수를 구해 마시면 된다. 무식해서 고통스럽다면 그 무식을 해결해줄 좋은 지식이 담긴 책을 찾든지 스승을 찾아야 한다. 사람됨의 존재가 내포한 고통과 비참을 해결하려면 창조주를 찾아야 한다. 영혼의 병통을 고치려면 지으신 자를 찾아야 한다. B.C. 15세기에 모세는 "내가 오늘날 네 행복을 위하여 네게 명하는 여호와의 명령과 규례를 지킬 것이 아니냐 하늘과 모든 하늘의 하늘과 땅과 그 위의 만물은 본래 네 하나님 여호와께 속한 것이"라고 선포했다(신 10:13-14).

그렇다. 창조주의 확실한 약속이 담긴 지침을 그대로 이행하는 것이 유일한 해결책이다. 이스라엘의 가장 유명한 왕 다윗은 "여호와는 나의 목자시니 내가 부족함이 없으리로다 그가 나를 푸른 초장에 누이시며 쉴만한 물 가으로 인도하시는도다 내 영혼을 소생시키시고 자기 이름을 위하여 의의 길로 인도하시는도다"라고 노래했다(시 23:1-3).

그리고 죽기 직전에 즉, B.C. 1037년 무렵에는 기쁨에 차서, "내 집이 하나님 앞에 이 같지 아니하냐 하나님이 나로 더불어 영원한 언약을 세우사 만사에 구비하고 견고케 하셨으니 나의 모든 구원과 나의 모든 소원을 어찌 이루지 아니하시랴"라고 말했다(삼하 23:5).

하나님은 다음을 위해 지금은 참으라고 명령할 수 있다. 하나님은 사람에게 비참한 고통을 겪으며 죽으라고 명령할 수도 있다. 하나님의 권세이다. 그러나 이것이 종교의 전부가 아니다. 이런 식으로 말할 수밖에 없는 것은 바른 종교가 아니다. 수고한 자, 눈물짓는 자에게 지금은 아니고 나중에, 혹은 하늘에 가서 복 받으라고 말 밖에 할 수 없다면 기독교적인 것이 아니다. 원수가 목 말라하는 모습을 보면 즉시 마실 물을 주어야 한다. 지금, 굶주리고 있다면 지금, 먹을 주어야 한다. 공덕을 쌓기 위해서가 아니다. 하나님의 명령이기 때문이다. 하나님의 명령을 인식하고 거기에 맞춰 사는 것이 종교이다.

10) 승단(僧團)

고타마 싯다르타는 고대 인도종교에서 연기와 사성제와 팔정도, 업과 윤회와 해탈, 그리고 열반을 중심으로 받아들인 철학적 성찰방법을 통해 인생의 근본문제를 성찰하고, 종교에 대한 대안을 제시하고자 했다. 다만 깨달음과 해탈을 통해 브라만종교의 억압적 신분제도와 윤회에서 탈피하고자 했다. 브라만종교, 카스트제도, 통치제도를 그대로 둔 상태에서의 할 수 있는 유일한 것은, 출가수행자들의 공동체를 만드는 것이었다. 석가모니의 혁신은 남자라면 출신성분에 상관없이 출가수행을 할 수 있다고 선언한 것이다.

석가모니는 깨달음을 얻은 즉시 자신의 승단을 만들었다. 승단의 생활규칙을 매우 엄격하게 제한했다. 분소의(糞掃衣, 버려진 천을 모아 꿰매 만든 옷을 입는 것), 걸식(乞食, 탁발해서 얻은 음식으로 연명하는 것), 수하주(樹下住, 집을 짓지 않고 나무 아래에서 생활하는 것), 진기약(陳棄藥, 소똥으로 만든 약을 쓰는 것)을 철칙으로 세웠다. 그리고 주변 사회와 마찰을 일으키지 않도록 규정도 만들어 갔다. 석가모니는 통치질서와 지배계급의 이해관계와 부딪히지 않도록 최대한 주의를 기울였다. 승단의 생활은 주변사회에서 가장 고달프게 사는 이들보다 힘들어야 했다. 출가수행자들의 종교적 진정성을 확증하기 위해 필요한 정책이다. 무엇보다도 승단 내부의 생활이 여유롭고 편안하다면 하층민들, 천역과 고역을 담당하는 노동계층이 수행한답시고 승단에 몰려들고, 생계를 유지하기 위해 주변사회에 금품을 강요하게 되는 것은 불문가지이다. 이렇게 되면 승단은 상위 계급의 이익을 침해하는 적이 되는 동시에, 민폐를 끼침으로 하위계급에게 원망을 산다. 승단은 자급자족의 공동체가 되지 않는 한 공공의 적이 될 수밖에 없다. 브라만교는 출가를 최상위 계급에만 허용하기 때문에 이런 문제가 없었다. 그러나 계급과는 상관없이 출가수행을 할 수 있게 한 불교승단의 경우에는 계율의 엄격성은 존립에 직결된다.

예수가 교회를 지칭하며 사용한 헬라어 '에클레시아'는 B.C. 3세기 무렵에 유대인들이 구약성경 히브리어 '에다' 혹은 '카할'을 헬라어로 번역하면서 택하여 사용한 용어였다. 예수가 세운 '교회'(에클레시아)는 모세5경에서 언급된 '회중' 혹은 '총회'(에다 혹은 카할)의 연장선에 있다. 신약교회는, 예수 그리스도의 십자가 사역 즉, 죽음과 부활로 인해 구원의 약속이 성취되었기 때문에 이방인과 유대인의 구별을 철폐한 것이다. 에클레시아를 '처치'(church)로 번역하여 확정하게 된 것은 17세 초반이었다. 한자문화권에서는 '회중' 혹은 '총회'의 의미가 강한 '교회'(敎會)라는 용어로 번역하여 사용해왔다. 유대인들의 회당(시나고그)과 예수의 교회는, 출가수행을 위한 승단의 개념이 전혀 없다. 기본적으로, '하나님을 경배'하기 위한 총회이며, 가시적 예배를 드리는 모임이다.

사부대중(四部大衆)

불교용어사전에서는 '사부대중'을 불교도 전체를 지칭하는 용어라고 정의한다. 매우 광범위한, 일반적 정의이다. 승가(僧伽) 즉, 불교의 교단(教團)이라는 뜻으로 이해하는 것은 좀 더 구체적인, 그러면서도 대승불교적인 정의이다. 용어상, 사부대중은 다음과 같이 네 부류로 구성된다. 첫째, 남성 출가수행자들인 비구(bhiksu 比丘)들이다. 둘째, 여성 출가수행자들인 비구니(bhiksuni 比丘尼)들이다. 셋째, 재속(在俗) 즉 출가하지 않고 세속에 머물면서 불법(佛法)에 귀의한 남자신도인 우바새(upasaka 優婆塞)들이다. 넷째, 재속 여성 신도인 우바이(upasika 優婆夷)들이다.

석가모니는 여자의 출가를 허락하지 않았다. 당시 인도에서 '여자'로 태어나는 것은 전생의 죄업 때문이고, 여자는 해탈할 수 없다고 보았다. 그래서 사제가문에서 태어난 여자들조차도 출가수행을 할 수 없었다. 반드시 다음 생에서 브라만계급의 남자로 환생해서 출가하여 '바라문'이 된 뒤에야 출가수행을 하여 해탈을 추구할 수 있었다. 석가모니는 이 관념을 불교에 그대로 받아들였다. 따라서 석가모니가 초전법륜을 통해 얻은 최초의 다섯 제자는 모두 '비구' 즉, 남자들이었고, 남자출가자들로만 구성된 승단을 만들었다. 불교에서 해탈을 이뤘다고 공인된, 그래서 불상(佛像)으로 만들어지고 불화(佛畫)로 그려진 부처는 모두 남성이다. 여자처럼 묘사되었고, 섹시해 보이더라도 실제 여자는 하나도 없다. 그러므로 승단 혹은 승가에 대한 가장 엄밀한 정의는 출가한 남자수행자들의 분리된 집단이다. 출가하지 않은 자는 '승'(僧)이 아니니 승단의 구성원이 아니다. 석가모니와 소승불교는 '출가주의'였다.

출가하여 '비구'가 된다는 것은 누더기를 걸치고 나무 밑에서 살면서 '걸식'(乞食)한다는 뜻이다. 석가모니는 제자들에게, 일체의 경제활동을 하지 말고 수행에만 전념하라고 했다. 민폐를 끼치지 않도록 하기 위해, 먹을 것이나 금품을 달라고 하지도 못하게 했다. 사람들이 먹을 것을 자발적으로 나눠주는 것만을 받고, 주지 않으면 굶으라고 했다. 그러므로 대승불교에서 세속에서 경제활동을 하는 이들을 승단의 기본구성원으로 인정하여 재가신자라고 부르며, 재물을 기부하여 승단의 경제력을 뒷받침할 책무를 나눠지도록 한 것은 석가모니의 가르침을 변경한 것이다. 이 문제로 상좌부와 대중부가 분열했고, 상좌부는 대중부를 이단시했다.

불경의 기록에 따르면, 최초의 여성 출가자는 석가모니의 이모 '마하파자파티'였다. '마하파자파티'는 언니 마야 부인이 고타마 싯다르타를 낳고 일주일 만에 죽자 언니의 아들을 데려다 친아들처럼 키웠다. 그래서 고타마 싯다르타가 출가할 때 몹시 슬퍼했다. 하지만 '마하파자파티'는 자신의 아들을 석가모니가 강제로 출가시킬 때는 전혀 슬퍼하지 않았다. 손자 '라훌라'도 출가하고 남편인 '슈도다나'(정반왕)마저 죽자 석가모니를 찾아가 출가를 허락해달라고 세 번 간청했으나 단호히 거절되었다. 그러나 '마하파자파티'는 결코 포기하지 않았다. 머리를 깎고, 출가를 원하는 여자들을 이끌고, 아난다에게 석가모니의 허락을 구해달라고 간청했다. 이모의 지극한 염원과 제자 아난다까지 나서서 설득하는 바람에 석가모니는 하는 수 없이 허락했다. 〈열반경〉에는 석가모니가 열반에 들기 직전에 이모 마하파자파티가 열반에 들었다는 기록이 있지만, 석가모니는 여성출가자들에게 차별을 두었다. 5백 년 동안, 비구니는 승단 내에서 유명무실한 존재였다.

불교에서 승단을 4부로 나누는 것은 어디에서 착안한 것인지 궁금하기 짝이 없다. 카스트가 4부라고 하지만 왕, 총리, 장관만이 아니라 군인, 경찰 등 공무원 집단을 총괄적으로 가리킨다. 게다가 '불가촉천민집단'이라는 카스트 이외의 계급이 있으니 실은 5부인데다가 남녀차별을 한다. 인도사상에서는 우주를 삼계로, 욕계를 6도(六道)로 나눈다. 6도에서 인간이 사는 세상이 인간도(人間道)이고, 인간도에서 사람이 사는 지상세계는 수미산을 중심으로 동서남북 네 대륙이라고 한다. 석가모니는 남자출가수행자들로만 구성된 평등한 공동체인 승단을 운영했다. 단지, 연장자가 신참자를 부형처럼 품어주고 이끌어주는, 법과 율 앞에 모두가 평등한 사회를 만들고 싶었던 것으로 보인다. 석가모니가 승단을 만들 때, 재가신자는 해탈할 수 없다고 보았다. 재가신자를 인정해달라고 제안한 것이 거절되어 분리해 나온 부파가 대중부였다. 붓다 사후 백년 뒤의 일이다. 훗날 대승불교가 발전하면서 사부대중을 불가의 기본구성으로 정립했다. 불교사에서는 자연스러운 현상으로 설명하는 과연 석가모니의 금도를 깨는 이런 발상이 불교 내부에서 자연스럽게 나왔을까?

4대부중과 비슷한 종교공동체 관념을 제공하는 것은 모세5경과 성경이다. B.C. 15세기의 시내산 언약에서 매우 구체화되었고 유대인들의 종교만이 아니라 국가건립과 통치철학의 근간이 된다. B.C.

6세기에 바벨론에 포로로 끌려간 유대인들은 '회당'을 조직하기 시작했다.

B.C. 15세기 무렵에 표면화된 제사제도와 그 중심인 성막은 몇 가지 점에서는 사부대중과 유사해 보인다. 심지어 여성에 대한 차별을 정당화하는 것처럼 보이는 몇몇 구절과 대목들은 성경의 종교적 윤리가 마치 주변종교의 영향을 받은 것처럼 오판하게 만든다. 하나님이 남자와 여자를 창조한 순서와, 남자에게 부여한 통치권과 권위는 본질적으로 중요한 것이 아니다. '한 몸을 이루라'고 하나님이 인류에게 준 최초의 명령은 성경 전체, 종교성 전체, 구속신학 전체를 관통한다(창 2:24). 모세5경은 제사장직은 남자의 전유물이라는 고정관념을 정당화해주기보다는 타락과 구속에 있어서 대표의 원리는 처음부터 있었다는 사실을 보여준다.

광야의 성막은 하나님이 통치하는 우주의 질서, 구속의 질서를 보여준다. 이스라엘 백성들의 외곽에 이방세계가 있다. 하나님의 법이 없는 세상이다. 하나님을 모르고 살던 이방인들이 하나님의 법을 받아들이고 하나님의 백성이 되면 '백성의 진영' 안으로 들어온다. 백성들 가운데 택함을 받는 자들은 성막 가까이로 옮겨, 백성들과 성막 사이에 완충지대를 구성한다. 이들은 레위인들이다. 이 레위인들 중에서 선택된 가문은 성막의 출입문 앞에 자리를 잡는다. 제사장가문들이다. 출애굽기와 레위기가 보여주는 것은 세계는 거룩함에 따라 네 영역으로 구별된다는 것이다. 얼마나 '거룩했느냐'가 기준이다. '거룩'과 '하나님께 가까이 다가감'은 동일한 것이다. 성경은 차별 없는, 성화(聖化)의 공동체를 일관되게 추구한다.

모세5경의 성막은 땅에 사는 인생들이 하나님 나라에 들어가는, 성화의 과정을 수직적으로 네 단계로 묘사해준다. 성막은 흙바닥 위에 세우도록 규정되어 있다. 좋은 것을 바닥에 깔지 않는다. 제사장의 공간이든 대제사장의 공간이든 제물을 태우는 번제단이 놓인 곳이든 백성들이 생활하는 곳과 똑같이 흙바닥이다. 다만 평평하게 고른다. 이 흙바닥에서 출발한다. 흙바닥을 밟는 인생은 이방인이든 유대인이든 레위인이든 제사장이든 하늘로 올라가기 위해서는 반드시, 그리스도의 피 흘린 구속에 기초해야 한다. 이 두 번째 단계를 상징하는 것이 은받침이다. 세 번째 단계는 구속받은 이들이 성령을 받아 은받침 즉, 구속을 두 손으로 붙들고 그리스도와 한 몸을 이루는 단계이다. 네 번째 단계는 그리스도의 구속과 신성한 능력에 의해 하늘로 올라가 하나님 앞으로 직접 나아가는 단계이다. 이것은 전체를 덮는 막으로 상징된다. 모세5경의 '성막'과 제사제도는 예수 그리스도와 그 교회에서 완성된다.

그러나 종교가 본질을 망각하면 계급주의적 관념이 형성되기 십상이다. 성경의 많은 구절과 선지자들의 가르침에도 불구하고 유대교는 본질을 망각하고 외피만 가진 종교에 빠져 있었다. 가정을 버리고 가족을 등한히 하고, 심지어 생계활동을 내팽개치는 것은 성경의 원리가 아니다. 하나님은 세상을 등지라고 말씀하지 않는다.

3

근본분열과 부파불교 :
원융(圓融)의 시작

기독교는 연합(聯合)과 연대(連帶)를 지향한다. 이것은 '결속하여 하나가 된다'는 것이다. 교회는 다양한 지체들이 적절하게 '연합'하여 몸을 이루는 것이다. 연대는 살아있는 여러 몸이 함께 일하는 것이다. 모든 지체는 자신의 고유한 자리에서 고유한 방법으로 결속되어야 한다. 이질적인 것과 다른 것을, 관점의 차이로 치부해서는 안 된다. 환자의 환처(患處)에 자라고 있는 종양이 암인지 아닌지는, 의사의 주관이나 관점에 따라 바뀌어도 되는 문제가 아닌 것과 같다. 어떤 한 가지 약품이 효능이 좋다고 그 약만 고집하지 않고 이런 약 저런 약 다양하게 먹어보는 것을 관용이라고 부르지 않는 것처럼 말이다.

1) 석가모니는 죽었다

　인도는 북부지역은 서쪽 방면을 적셔주는 인더스 강이 있고 동쪽을 적셔주는 갠지스 강이 있다. 인더스와 갠지스, 이 두 강 사이의 비옥한 '힌두스탄 평야'가 북부지역의 중앙에 넓게 펼쳐져 있다. 문명사에서 '인더스–갠지스 문명'을 언급할 만큼, 일찍부터 인도 북부 일대는 풍요를 누렸고 상업과 무역이 발달했다. 지금도 인도의 수도는 서북부에 있다. 인도와 중국 사이에는, 중앙아시아 북쪽의 천산산맥–타클라마칸산맥–곤륜산맥–히말라야산맥에 의해 호를 그리듯 가로막혀 있다. 그 대신에 키르키즈스탄–타지키스탄–아프가니스탄–이란이라는 비옥한 지역들은 인도 북서부 방면을 다채로운 문물의 통로로 만들어주었다. 옛 부터, 메소포타미아 문명과 이집트 문명, 그리고 서역을 통해 중국문명과 유럽과도 왕성하게 문물을 교류해왔다. 특히, 바빌로니아(바벨론)을 멸망시킨 키루스(고레스)가 개창한 B.C. 6세기 아르키메네스 왕조의 페르시아는 주목할 만하다. 키루스의 아들 캄비세스 1세는 이집트를 병합했다. 그 다음에 왕위에 오른 다리우스 1세는 더욱 영토를 확장해서 인도의 북서부 인더스 강 유역까지 이르렀다. 다리우스 1세는 에스라에게 예루살렘 성전(聖殿)을 재건하도록 허용하고 후원한 왕이다. 예루살렘 성전은 다리우스 제6년(B.C. 516년)에 완공되었다. 아르케메네스 왕조의 페르시아는 종교의 자유를 허용하고 전역을 체계적으로 통치하였다. 조로아스터교를 정비하여 적극적으로 해외에 보급했다.

고타마 싯다르타가 활동하던 시대는, 아리안 족이 인도 북서부를 통해 쳐들어와 드라비다 족을 정복하고 노예로 삼은 지 대략 천년쯤 지난 뒤였다. 수많은 소국(小國)으로 갈라져 경합을 벌였다. 붓다의 조국 카필라는 강한 국가들 틈에 낀 작고 허약한 산촌에 불과했다. 마가다(Magadha) 국이 세력을 넓히면서 갠지스 강 중부의 중요한 항구도시를 장악하였다. 이를 발판으로 갠지스 강 일대를 장악한 마가다왕국은 대국(大國)으로 성장해 나갔다.

이 무렵 인도 북부에 활력을 불어넣는 것은 무사계급과 상인계급이었다. 이 두 계급은 최상위 계급인 브라만을 약화시킬 필요를 절실히 느끼고 있었다. 이틈을 타고 많은 사상가들이 우후죽순처럼 출현했다. 고마타 싯다르타의 불교와, 마하비라의 자이나교가 이때, 마가다 왕국의 영토에서 발생해 오늘날까지 존속한 것이다. 석가모니는 당시에 활동하던 주요 사상가들을 62견(見)이라고 부르고 그중에서도 주의해야 할 여섯 종파를 육사외도(六師外道)라고 했다. 다른 종파에서 석가모니의 불교로 일천 명 혹은 오백 명이 집단 개종한 경우도 있었다. 석가모니의 유명한 10대 제자 가운데 걸출한 활약을 보인 두 사람은 육사외도 가운데 하나인 '산자야 벨라티풋타'(Sanjaya Belatthiputta)의 수제자였다가 불교로 넘어온 사람들이다. 자이나교의 기록에는 당시에 362가지 종파가 있었다.

마가다 왕국의 중요한 왕인 '빔비사라'는 출가수행길에 오른 고타마 싯다르타를 우대하고 붓다가 된 뒤에는 불제자가 되었다고 불경은 묘사한다. 그러나 비슷하게 발생한 '자이나교'는 빔비사라 왕이 자이나교도라고 기록했다. 빔비사라 왕은 불교든 자이나교든 적극적으로 후원했던 것으로 보인다. 빔비사라 이후의 마가다 왕국과, 마가다 왕국을 멸망시키고 최초로 인도를 통일한 마우리아 왕조도 불교를 적극적으로 후원했다.

B.C. 544년(?)에 석가모니가 죽었다.[1] 그 뒤에 남은 것은 '승단'뿐이다. 석가모니는 부활을 약속한 적도 없고 재림을 약속한 적 없었다. 석가모니는 열반을 추구했다. 열반은 '적멸'(寂滅) 즉, 흔적 하나 남기지 않고 훅 꺼져버리는 것이다. 이처럼 석가모니는 훅 꺼졌다. 제자들은 묻고 의지할, 참 지혜를 간직한 스승이 없어졌다. '경전'이라는 것도 없었다. 제자들에게 남아있는 것은 '기억'이었다. '기억'과 '암송'이라는 방법은 매우 신뢰성이 높은 방법이다. 문제는 '무엇을 정통으로 보아야 하느냐'에 있다. 석가모니가 죽자 뒤에 남

---

1) 석가모니가 죽은 연대는 전승마다 차이가 있다. B.C. 544은 남방불교 국가들이 채택한 연대이다. 설일체유부의 전승이 가장 늦은데 B.C. 383년에 죽었다고 한다.

은 제자들은 스승의 가르침을 분명하게 확인할 필요가 있었다. 그래서 신뢰할만한 대표자들이 모여 '결집'이라는 것을 했다.

1차 결집(오백결집)

고타마 붓다가 죽기 전에도 승단은 갈등과 위기를 겪었다. 붓다가 죽자 '수밧다'라는 제자는 붓다가 죽었으니 차라리 잘 됐다 이제는 시시콜콜 이것을 하라 저것은 하지 말라고 잔소리할 사람이 없어져서 잘 된 일이라는 망언을 했다. 이 망언을 들은 승단의 원로들은 위기감을 느꼈다. 승단의 가장 연장자인 마하가섭(Mahakasspa)은 정법(正法)과 정률(正律)을 즉, 정통노선을 확립하기 위해 '총회' 소집을 제안했다. 그래서 다음해 우기(雨期)에 라자그라하 인근의 굴에 500명의 비구가 모였다. 기억력이 비상하다는 아난다(阿難, Ananda)가 '법'(法, 담마) 부분을 맡고, 석가모니가 출가할 때부터 머리를 깎아준 이발사 우바리(優婆離, Upali)가 승단의 규칙인 '율(律, 위나야)을 맡았다. 이 두 제자는 누구보다도 붓다의 설법을 많이 들었기 때문이라고 한다. 이 두 제자가 자신이 기억하고 있는 것을 말하면, 500명의 비구가 맞는지 틀리는 지를 확인하고 틀렸으면 정정하여 바른 문구를 확인한 뒤, 다 함께 합송(合誦)하였다. 사실상, 정전화(正典化) 작업이었고, 정통노선을 확립하려는 시도였다.

하지만 석가모니의 가르침을 정리한 불설(佛說)을 이때 처음으로 정리했을 리는 없다. 석가모니는 생전에 틈틈이 자신의 가르침을 명확한 문구로 확립하여 제자들에게 외우게 하였고, 그것을 다른 사람들에게도 가르치도록 하였음이 틀림없다. 그런데 문제는 이 결집에서 정립한 실체가 무엇인지를 정확하게 확인할 수 없다는 점이다. 결집된 불경을 기록한 것은 석가모니 사후 3백 년 뒤에 이뤄진 '3차 결집' 이후였다. 그러므로 석가모니의 45년과 사후 5백 년간, 불경에 관한 직접적인, 공식적인 기록이 없다. 희한한 일이다. 물론 귀중한 문헌, 고대의 경전을 일점일획의 오탈자 없이 구전(口傳)하는 것의 정확성을 의심할 필요는 없다. 구전시키도록 규정된 것이 정확하게 무엇인지를 확인할 수 없다는 것이 문제다.

지금까지 확인된 바로는, 인류의 가장 오래된 문자는 B. C. 27세기 무렵 수메르 문명의 설형문자이다. 모세5경을 기록한 히브리 문자는 B.C. 15세기까지 거슬러 올라간다. 페니키아 문자는 B.C 7세기 무렵에 나왔다. 인도의 고대문자는 고대문명의 소멸과 함께 사라졌더라도, B.C. 7세기 무렵부터 셈계의 상인들이 인도에 '브라흐미' 문자를 도입하여, 인도 북부에서 사용하였다고 추정한다. B.C. 3세기까지 인도에 문자가 없었다고 말하는 것은 '카로슈티' 문자가 사용된 가장 오래된 유적이 불경의 3차 결집이 있었던, 마우리아 왕조의 아소카 왕의 비문이기 때문이다. 아소카 왕의 비문은 브라흐마 문자와 카로슈티 문자로 기록되어 있다. 문자와 기록 없이는 상업과 무역, 항구가 형성될 수도, 국가통치체제가 형성되고 유지될 수도 없다. 문자는 있었다. 그런데 불교는 초기 250년 동안 경전을 기록하지 않았다고 한다.

1차 결집을 끝냈을 때, 뿌라나(Purana)라는 제자가 500명의 비구들과 함께 도착했다. 1차 결집을 주재한 마하가섭은 뿌라나와 그 일행들에게 자신들이 결집한 것을 받아들이기를 권유했다. 하지만 뿌라나는 자신들도 석가모니로부터 직접 배운 것이 있다고 하면서 별도로 결집을 가졌다. 마하가섭의 결집은 칠엽굴에서 모였기에 굴내결집(窟內外結集)이라고 뿌라나의 결집을 굴외결집(窟外結集)이라고 하기도 한다.

'성경'을 공동체의 결속을 위해 기득권 집단이 합의하여 만들었고 시대상황에 따라 추가하고 개작하고 편집하였다는 '설'(說)이 있다. 유대교가 이런 식으로 모세5경과 구약을, 기독교가 신약성경을 만들었다고 한다. 교회 밖으로 털어내야 하는 발상이다. 하나님의 실존, 하나님의 섭리와 계시, 말씀이 가진 구원의 능력을 부인하지 않고서는 내놓을 수 없는, 이런 가설(假設)을 마치 확고부동한 정통 학설처럼 신봉해서는 안 된다.

문자 그 자체가 진리의 실체는 문자의 실용성을 전적으로 폐기하는 불립문자(不立文字)라는 개념, 진리는 필설로 형용할 수 없다는 발상 또한 기독교적이지 않다. 사람의 기록과 말에는 오류와 실수가 개입할 수 있지만 성령은 오류와 실수에도 불구하고 하나님의 목적을 온전히 이룰 수 있다. 하나님이기 때문이다. 하나님은 사람이 들을 수 있는 말과 글로 자기 백성을 가르치셨다. B.C. 8세기 중반부터 7세기말에 50년간 활동한 선지자 이사야는 다음과 같은 하나님의 명령을 전했다.

"너희는 여호와의 책을 자세히 읽어 보라 이것들이 하나도 빠진 것이 없고 하나도 그 짝이 없는 것이 없으리니 이는 여호와의 입이 이를 명하셨고 그의 신이 이것들을 모으셨음이라"(사 34:16)

하나님은 전능한 창조주이며 살아계시고 말씀하신다고 믿는다면, 문자로 기록된 성경은 하나님의 말씀이라고 믿지 않을 수 없다. 성경은 인간 지성의 산물이 아니다. 하나님의 뜻을, 하나님의 간섭으로 정확하게 글자에 담아 기록해 주신 책이다. 진리는 글자에 담겨지지 않는다거나 글자가 중요하지 않다는 생각은 기독교의 성격과 맞지 않는 사고방식이다. 깨진 바가지는 불편하지만 물을 떠 마실 수 있다. 깨진 바가지가 만족스럽지 못한 것은 욕심 때문이다.

이사야는 수고를 기울여 자세히 읽어보라고 말한다. 짝을 찾아서 맞춰보라고 명령한다. 마음을 다하고 힘을 다하고 뜻을 다하지 않으면 안 되는 일이다. 믿고자 하는 마음이 중요한 것이니 문장의 뜻은 대충 알아도 충분하고, 글귀의 명확한 뜻을 놓고 왈가왈부하거나 다른 사람의 의견을 논박하여 시끄럽게 하는 것은 옳지 않다는 발상은 전혀 기독교적이지도 경건하지도 않은 못난 사고방식이다. 지혜자는 "어떤 길은 사람의 보기에 바르나 필경은 사망의 길이니라"라고 말했다(잠 14:12). 올바른 종교를 찾아야할 뿐만 아니라 경에 기록된 말씀의 올바른 뜻을 찾기 위해 부단한 노력을 기울여야 한다.

2) 근본분열

석가모니가 생전에 자신의 교훈을 명확한 문장으로 정립한 '설법'이 소승불교의 경전에 정확하게 통합되었다는 추론은 가능하다. 하지만 1차 결집에서 확정한 것은 무엇인지, 무엇이 포함되었는지, 그 후대에 추가된 것이 있는지 확인하고 구별해낼 도리가 현재로서는 없다. 1차 결집 때, 마하가섭의 굴내결집과 뿌라나의 굴외결집은 어떤 일치점과 차이점이 있는지도 확인할 수 없다. 이 두 부류에 속하지 않은 또 다른 그룹(들)이 존재했는지, 그들은 어떤 내용을 전수하고 있는지도 모른다. 이런 상태로 2차 결집 때까지, 백 년이 흘러갔다.

2차 결집 (700결집, B.C. 4세기)

1차 결집에서 부처의 설법을 암송했던 아난다의 제자 가운데 야사(Yasa, 耶舍)라는 비구가 부유한 상업도시 비살리(혹은 바이살리, Vesali)를 방문했다. 야사는 왓지 족 비구들이 사람들로부터 노골적으로 금품을 받는 것을 목격하고 꾸짖었다. 왓지 족 비구들은 오히려 야사를 회유하고 핍박하였다. 야사는 굴하지 않고 석가모니의 가르침과 수행 규율을 구체적으로 거론하면서 왓지 족 비구들의 잘못을 공개적으로 논증했다. 왓지 족 비구들은 할 말을 잃었고, 왓지 족 사람들까지도 야사가 옳다고 수긍했다. 하지만 왓지 족 비구들은 주변의 승려들을 선동해서 오히려 야사를 계율위반이라는 명목으로 감찰하고 징계하려 들었다. 그래서 야사는 비살리에 머물고 있던 120세의 '삽바까민,' 석가모니의 가르침에 정통하다는 평을 듣는 '레와따' 등 보수파 장로(상좌)들과 옛 방식을 고수하는 인물들에게 호소했다. 정통파 장로들을 포함해서 700명의 비구가 비살리에 모였다. 왓지 족 비구들이 주장하는 '열 가지 사항'(十事)을 하나씩 거론하며 토론하였다. 십사는 좋게 말해서, 출가수행자의 탁발, 시주 등에 관한 규율을 시대에 발맞춰 완화해 달라는 것이었다. 소금을 휴대하는 것, 정오가 지나서 식사를 하는 것, 식사 후에 발효된 우유 혹은 과즙을 마시는 것, 한 동네에서 탁발한 뒤에 다른 마을로 가서 탁발하는 것, 금품을 받는 것 등이었다. 야사와 원로들은 왓지 족이 주장하는 '십사'를 석가모니의 가르침을 어기는 '이단'으로 판결했다.

대중부(Mahasamghika) 분열

왓지 족 비구들은 당시 불교승단에서, 생산력과 상업이 발달한 풍요로운 갠지스 강 동부지역의 진보적이며 느슨한 분위기를 대변했다. 서부지역의 비구들과 장로들(Theravada)은 석가모니 당시의 승단 규율이 계속해서 와해될 것을 염려해서 '십사'를 거부했다. 하지만 동부의 승려들은 '십사'에 대해 나름대로 해명할 수가 있었다. 그래서 난상토론이 되었다. 결국, 동부의 승려들이 완화해달라고 요구한 '십사'를 '테라바다'의 전통과 권위에 의거해 '이단'으로 규정했다. '계율위반'이 아닌 '이단'이었다. 상좌부가 느낀 위기의식은 불경의 결집으로 이어졌다. 8개월이 걸렸다. 하지만 동부의 수행자들은 승복하지 않았다. 동부의 승려들은 자신들을 이단으로 규정한 장로파(상좌부, Theravada)에 대립하여 별도의 결집을 가졌다. 일만 명의 비구가 모인 결집이었다. 수적으로는 대중부가 압도적이었다.

이 사건보다 백 년 전에 있었던, 1차 결집에서도 별도 집회가 있었다지만 이단성에 관한 시비가 있었는지 알려지지 않았다. 2차 결집에서는 '상좌부'의 칠백결집이 '정통'이었고, 이에 불복한 '대중부' 결집은 명백히 이단이었고 분열책동이었다. 독자적인 '정경화'(正經化) 작업까지 벌였다. 그럼에도 대승불교는 소승불교와는 달리, 대중부 분열을 '근본분열' 혹은 근본이 둘이 되었다는 의미에서 '근본이부분열'이라고 한다. 한쪽이 다른 쪽을 이단이라고 규정한 것을 후대가 둘 다 정통이라고 했다면 특별한 논거와 해명이 있어야 한다. '근본이부분열'이라는 관점을 취한다는 것은 당시 '이단'의 입장을 계승했다는 자백인 셈이다. 아무리 다채로운 설과 모양이 나왔더라도 석가모니의 가르침을 명백하게 위반하였다는 사실은 바뀌지 않는다.

상좌부와 대중부는 미묘하지만 장차 심각해질 수 있는 의견차이가 발생한 것 같다. '석가모니의 정체성'에 관한 것이다. 석가모니가 교조(敎祖)이므로 석가모니에 대한 이해를 바꾸는 것은 가벼운 일이 아니다. '종교의 근본'을 바꾸는 심각한 일이다. 상좌부는 고타마 싯다르타를 평범한 사람으로 보고 깨달음을 얻어 석가모니가 되었다는 입장을 고수했다. 그렇다면 '깨달음'도 '윤회'도 '열반' 등의 주장도 모조리 실체가 된다. 그러면 상좌부불교는 그 실체를 파악하는 '학문'에 머물고 '종교'로 변질되는 것을 최대한 억제한 셈이다. 그러나 대중부는 고타마 싯다르타를 다른 존재로 보고자 한다. 석가모니를 특유의 초월적 존재로 보고자 한다. 즉, 다른 어떤 사람도 현세에서 아무리 큰 깨달음을 얻더라도 석가모니처럼 될 수 없다고 본다. 그러면 불교는 학문성과 더불어 종교성을 발전시킬 여지가 커진다. 이것을 대승불교의 이상이라고 볼 수 있다.

대중부의 이 변화에 주목해야 한다. 왜냐. 대중부가 발전시키고 있던 석가모니 사상은 불교내부에서 자연스럽게 자라나올 수 있는 것이 아니기 때문이다. 유일신 종교사상의 영향을 받은 것이 분명하다. 범신론, 다신론, 신격화(神格化)를 가르치는 종교사상에 등장하는 신(神)들은 모두 대등하다. 그리스 신화에 등장하는 최고신 제우스에게는 '크로노스'와 '레아'라는 부모가 있다. '포세이돈'과 '하데스'라는 형제들과 '헤라'라는 아내와 자식들 게다가 바람까지 피웠다. 이처럼 제우스는 많은 신 가운데 주요한 신이지 최고 유일한 절대적 신이 아니다. 힌두교의 신도 마찬가지이다. 조로아스터교에서도 결국, 선한 신과 악한 신을 가르친다. 어떤 존재도 따라잡을 수 없는 절대 유일한 인격적 신이라는 관념은 다신교적이며 종교혼합적 문명에서 자연스럽게 나올 수 있는 관념이 아니다. 유대인들과 기독교인들의 성경에만 있는 사상이다.

대중부의 분열은 불교의 형성과 발달에 있어서 매우 중대한 측면을 보여준다. 오늘날 불교에서는, 대중부의 분열이라는 명백한 역사적 사실은 인정하지만 그 원인은 백년이라는 시대변천에 따라 승단의 규율에 관해 입장차이가 발생한 것이라는 식으로 설명한다. 경전이 아닌 수행규칙에 관한 '보수파'와 '진보파'의 대립이라는 프레임은 이 설명의 정당성을 자연스럽게 강화해준다. 이 프레임은 '교리'적 원인을 가급적 외면하고 대중부 분열의 의미를 축소시킨다. 그러나 후대의 설명보다 중요한 것은 당대의 판단이다. 당대에는 분명코, 스승의 가르침에서 벗어난 이단으로 규정했다. '내용'이 달라졌다는 뜻이다.

대중부는 패배했다. 하지만 분리하여 이탈했고, 상좌부를 피해 인도 남부로 세력을 확장했다. 인도 남부에도 번화한 상업지대가 있었다. 인도 남단의 서쪽 면, 아라비아 해(海)에 면한 케랄라 무역지대는 고대로부터 건너편 아랍과 멀리 중국과의 왕성한 교역으로 풍요로운 곳이었다. 대중부가 발전할 여력은 충분했다. 결과적으로, 석가모니의 정통성은 무엇을 근간으로 하는지, 어떤 부류가 석가모니의 깨달음을 정확하게 계승했는지, 외부 종교와 사상을 받아들여 무엇을 어떻게 수정했는지 점점 구별하기 힘들게 될 수밖에 없다.

지말분열(枝末分裂)

비살리결집에서 석가모니의 승단은 석가모니라는 틀 안에 있는 고유의 불교(상좌부)와, 틀 밖으로 벗어난 신흥 불교(대중부)로 갈라졌다. 비살리 결집에서 논쟁을 거듭하는 가운데 네 개의 파벌이 형성되었다. 분열은 테라바다(상좌부)와 마하상기카(대중부)로 양분되는 것으로 끝나지 않았다. 대중부는 다시 분열을 시작했다. 대중부는 근본분열 후 백년 만에 모두 9부파가 되었다. 그럼에도 그 근본이었던 대중부는 나름대로 건재했다. 상좌부는 근본분열 후 그럭저럭 결속되어 있다가 아소카 왕 때 3차 결집을 한 뒤에 분열하기 시작했다. 불법과 계율을 중시하는 '본상좌부'(설산부)와, 연구분석과 해석을 중시하는 '설일체유부'로 나뉘었고, 그 후 백 년 동안 상좌부는 모두 11개 부파로 분립했다. 정통노선을 견지한다던 상좌부는 분열하면서 어느 부파가 정통의 맥을 계승하고 있는지 애매해졌다. 다만 설일체유부의 규모가 최대여서, 소승불교의 대표주자로 인정되었다. 대승불교를 정립한 '용수'가 '상좌부'를 '소승'이라고 비판한 것은 주로, 설일체유부였다.

학설(學說)은 관점에 따라 바뀔 수 있다. 보다 타당한 관점을 발견하고 확실한 근거를 발견하여 학문이 발전했다면 학설을 바꿔야 한다. 그러나 종교는 다르다. 영원한 진리가 하나라고 믿는다면 그 진리가 드러낸 다양한 측면이 만든 모순을 조화시키려는 노력을 해야 한다. 오류는 진리가 될 수 없고, 오류가 뒤섞인 진리는 위험하다. 오류의 적발과 배제는 인간의 책임이다. 오류를 적발하고 배제하면서 순수한 진리를 추구할 때 인간의 지성과 삶이 건전해질 수 있다. 이 결과물이 '신학' 혹은 종교적 지식체계라는 유산으로 남는다.

종교단체 혹은 교회가 구성원들의 이해관계에 따라 분립하는 것과, 이런 작태를 용납하는 것은 종교를 죽이는 치명적인 독을 들이키는 셈이다. 구성원 혹은 지도자들이 주장하는 입장의 정당성에 종교적 정통성이 있는 것이 아니다. 요컨대, 부모가 장성하여 결혼한

자녀들을 분가시키는 것과 같은 자연스러운 경우가 아니라면 모든 분립에는 진리와 정통성의 문제가 있는 법이다. 오직 진리를 수호하기 위한 투쟁만이 정당하다. 독일 루터교회는 독일 교회들을 오염시킨 중세의 비성경적 오물을 청소하기를 원했을 뿐이다. 프랑스의 개혁파(위그노)와 네덜란드 개혁파의 경우도 마찬가지였다.

성경이 진리의 책이라면 '사람은 원죄에 물들어 태어나기 때문에 자신의 의식적인 행위와 상관없이 죄인이며 영적으로 부패한 무능력자이다'라는 명제와, '사람에게 원죄란 없으며 판단능력과 행위능력을 가지고 있으며 따라서 오직 자신이 선택하고 행한 잘못 때문에 죄인이 된다'라는 명제를, 동시에 다 맞다고 해서는 안 된다. 정면으로 모순을 일으키지만 자기 눈에 '진실'인 것처럼 보인다고 해서 '관점의 차이 탓이다'라는 그럴듯한 말로 양쪽 모두 '진리'라고 인정하는 것은 영원한 진리가 없다고 하는 셈이다. 이것은 '하나님이 없다'는 선언에 다름 아니다. 종교를 왜곡하는 행위이다. 종교를, 세상 안에 존재하는 것들만을 연구대상으로 삼는 '과학'의 아류로 만들고 과학에 종속시키는 것에 불과하다.

하나의 교파가 하나의 교단을 이루지 못하는 것, 심지어 수백 개의 교단으로 분열하고 난립하는 양상은 시급히 해결해야할 숙제다. 이단과 교단 분립을 쉽사리 용납하는 정서는 한국 기독교인들이 속히 털어내야 할 세속적 관념에서 기인한 것이다.

3) 3차 결집과 '빠알리 삼장'

인도 동북부 갠지스 강 중류에서, 샤카 왕조의 후예 '찬드라굽타 마우리아'가 일어나 마가다 왕국을 멸망시키고, 인도 북서부의 셀레우코스 제국을 물리쳤다. B.C. 270 년 무렵에 찬드라굽타의 손자 '아소카'가 왕이 되었다. 이후 약 40년에 걸쳐 인도 거의 전역을 장악하고 통치하였다. 아소카의 영토는 오늘날 인도의 거의 전체와 파키스탄, 아프가니스탄, 페르시아 제국의 일부를 포함했다. 아소카 왕은 재위에 오른 지 8년 뒤, 인도 동남부 칼링가 지방을 정복한 뒤에 '불교'로 개종했다.

아소카가 불교를 받아들인 의도는 명백했다. 아소카는 언어와 인종이 다양하고 독자적인 역사를 가진 많은 지방을 정벌한 뒤에 하나의 나라로 통합하기를 원했다. 그러기 위해서는 '아소카'는 매우 특별한 왕으로 부각되고 정복과 통치의 정당성을 확보해야 했다. 왕국은 이념적으로 하나가 되어야 했다. 그러기 위해서는 피정복민들은 아소카의 정복을 수긍하고 자신의 현실에 대해 체념하고 순응해야 했다. 아소카는 불교에서 그 가능성을 발견했던 것으로 보인다. 아소카는 불교가 융성하도록 적극적으로 후원했다. 훗날 전법사를 인도 안팎의 여러 곳에 파견했다. 이렇게 '남방불교'와 '서역불교' 형성에 기여했다. 마케도니아와 이집트까지 불교사절을 보냈지만 불교가 기독교 형성에 영향을 주었다는 가정은 몹시 지나치다.

이렇게 가정해도 될만큼 B.C. 3세기의 유대교는 허술하지 않았다. 유대교는 B.C. 5세기 무렵부터 '소페림'(서기관) 집단이 강력하게 형성되어 있었다. 이들은 토라(모세5경)의 율법 10계명으로부터 시작해서 '하라'와 '하지 말라'는 명시적 명령 613개를 비롯하여 토라 전체를 샅샅이 연구하고 정리했다. B.C. 2세기부터는 바리새파와 랍비들이 등장하여 소페림을 대체하였다. 나사렛 예수가 등장하였을 때 유대인들은 예수를 랍비로 여겼다. 이방인의 사도 바울은 당시 유대교 랍비학파 가운데 가장 뛰어난 가말리엘 문하의 제자였다.

불교가 기독교 형성에 영향을 주었다는 가정은, B.C. 10세기에 이미 유대인들이 홍해 남단의 항구도시에서 특별한 선박을 건조해서 아라비아 남단과 인도까지 직접 무역을 했다는 사실도 간과한다. 역대하 9장에는 스바(Sheba) 여왕이 자신의 신하들을 거느리고 솔로몬을 방문한 대목이 있다. 다윗-솔로몬 왕국의 영화와 명성을 듣고 직접 확인하기 위해 방문한 것이다. 예루살렘 도성과 궁성 그리고 성전을 둘러보고 솔로몬을 시험해본 여왕은 이스라엘의 하나님 여호와를 구체적으로 찬양했다. 최근 고고학 연구와 발견을 통해, 역대기에 등장하는 스바 여왕은 이집트 '투트모시스(Thutmosis) 1세의 딸로서 B.C. 10세기에 22년 동안 이집트를 통치한 '핫셉수트'(Hatshepsut)라는 사실을 밝혀냈다. 핫셉수트의 통치시기는 이집트는 최고의 전성기 가운데 하나였다는 점을 상기하면 다윗-솔로몬 제국이 얼마나 강성했는지를 가늠할 수 있을 것이다.

아소카 왕이 3차 결집을 주선한 이유에 주목해야 한다. 3차 결집은 B.C. 247년경 아소카 왕의 수도 파탈리푸트라(지금의 파트나)에서 개최되었다. (비판적인 학자들은 B.C. 2세기 말쯤으로 연대를 늦추기도 한다.) 3차 결집 그 자체도 중요하지만 실은, 그 전후에 벌어진 맥락은 훨씬 더 중요하다. 아소카 왕은 이미 10년 가까이 불교를 적극적으로 후원하고 장려하였다. 많은 종교가들이 불교 안으로 밀려들어와 뒤섞여 있었다. 무엇이 불교인지 알 수 없었고, 정통 불교노선조차도 희석되고 자체 정화능력도 사라졌다. 그래서 아소카 왕은 상좌부의 장로 '목갈리붓따 띠싸'(Moggaliputta-Tissa)를 불러다가 7일간 특강을 들은 뒤에, 불교승려를 자처하는 자들을 전국에서 강제로 불러들여 면접시험을 보았다. 바른 대답을 하지 못하는 자들을 적발해서 승단에서 축출한 수가 무려 6만 명에 달했다. 그 후 일천 명의 대표자를 뽑아 9개월에 걸쳐 3차 결집을 했다. 3차 결집이 끝난 뒤에, 목갈리붓따 띠사는 252개의 잘못된 견해에 대한 반박서를 저술했다. 이것은 불교에 가해진, 이방종교(外道)의 압박과, 내부 이견과 모순으로 인해 정체성이 심각하게 흔들릴 지경이었다는 뜻이다.

빠알리(팔리) 삼장

아소카 왕 때의 3차 결집은 '빠알리 어로 작성된 삼장'이라는 불교의 발전에서 굉장히 중요한 결과물을 산출한다. 첫째, 석가모니와 직계 제자들이 사용한 민중언어로 된 경전을 역사에 남긴 것이다. 둘째, '빠알리 삼장'은 소승불교와 대승불교의 분기점을 이룬다. 4차 결집부터는 '산스크리트어'로 언어를 바꿨다. 그래서 소승불교와 남방불교는 3차 결집(빠알리 삼장)만을 불경으로 인정하고, 대승불교는 '빠알리 삼장'을 무시한다. 셋째, B.C. 3세기에 빠알리 언어로 결집한 '삼장'은 아소카 왕의 아들 마힌다(마힌드라)가 스리랑카에 전달했다. 이로부터 2백 년 뒤인 B.C. 1세기경에 스리랑카에서 '빠알리 삼장'을 '싱할리' 문자로 기록한다. 이것이 최초의 불경 기록물이다. 이 때문에 B.C. 3세기에 결집된 '빠알리 삼장'은 원본 그대로 유지되었다. 싱할리 문자로 기록된 빠알리 삼장은 A.D. 5세기에 '청정도론'을 저술한 것으로 유명한 '붓다고사'(Buddhaghosa)가 연구하고 다시 '빠알리 언어'로 복원하는 시도를 한다. 이것의 의미는 자못 중대하다. 불교의 본 고향에서는 무엇이 진짜 불교인지 모를 정도로 혼잡해졌다는 뜻이다. 불교의 가르침을 '깨달은 자의 가르침'이라는 불설(佛說)과 '석가모니의 가르침'인 친설(親說)로 나눌 수 있는데, 석가모니의 본래적인 가르침과 후대에 첨가된 것을 구별하려면 최고(最古)의 원전을 보아야 하기 때문이다.

3차 결집을 통해 성립한 불경을 '삼장'(三藏, 삐따까)이라고 하는 것은 석가모니의 설법을 모은 경장(經藏, Sutta pitaka), 승단의 계율을 상좌부 전통에서 정리한 율장(律藏, Vinaya Pitaka), 불법에 대한 각 부파의 연구해석을 집대성한 논장(論藏, Abhidhamma Pitaka)으로 되어 있기 때문이다. 부처의 설법을 모은 '경장'(숫따 삐따까)은 단순한 경전이 아니다. 66권으로 구성된 성경과는 도무지 비교가 안 된다. 다섯 '니까야'(部, nikaya)로 구성된다.

　(1) 디까 니까야(長部); 길이가 긴 경전 총 34경(經).

　(2) 맛지마 니까야(中部) : 중간 길이의 경전 총 152경(經).

(3) 상윳다 니까야(相應部) : 주제별 모음, 총 2889경(經).

(4) 앙굿따라 니까야(增支部) : 주제별로 모은 짧은, 총 2308∼2198경(經).

(5) 굿다까 니까야(小部) : 〈수타니파타〉, 〈본생경〉, 〈담마파다(법구경)〉, 〈미린다왕문경〉, 석가모니가 깨달음을 얻은 후 7군데를 돌며 49일간 그 깨달음을 회상한 〈우다나(自說經)〉 등과 같은 것만이 아니라 장로 비구들의 수행담을 모은 〈테라가타〉를 포함한 15개의 경(經).

이처럼 '빠알리 삼장'은 일천 명의 승려가 9개월 만에 마쳤다는 것이 신기할 만큼 방대한 '경전군'(經典群)이며 집대성이다. 이상적인 경우라면, 1차로 결집한 경전과 3차 결집에서 결집한 경전에 차이가 없어야 한다. 그러나 경장을 구성하는 다섯 니까야는 성립 시기와 전통에 차이가 있다고 추정할 수밖에 없다. 구전되던 석가모니의 설법에, 장로들의 설명이 가미되고, 여러 종교의 이론과 관념 그리고 논리들이 뒤섞이는 것을 피할 수 없었다고 보아야 한다. 니까야 하나하나가 상당한 분량의 경전군이다. 몇몇 개인이 봇짐에 넣어 전달해줄 수 있는 것이 아니다. 빠알리 삼장의 다섯 니까야를 중국에서 한역(漢譯)한 것을 〈아함경〉이라고 하지만 정확히 일치하지 않는다.

게다가 다섯 번째 니까야를 구성하는 15개 경(經)에 〈미린다왕문경〉이 있다. 미린다(Milinda, 彌蘭陀)는 박트리아의 메난드로스 왕을 가리킨다. 메난드로스와, 그 대담자로 등장하는 나가세나는 이 자료의 역사성을 높여준다. 그런데 메난드로스라는 인물에 주목하면 이 경서의 배경은 B.C. 150년 전후이다. 따라서 B.C. 1세기 전반 ~A.D. 1세기 전반에 저술된 문헌이라는 결론을 피할 수 없다. 연대에 모순이 생긴다.

그렇다면 결론은 빠알리 삼장의 결집은 〈미린다왕문경〉이 만들어진 이후의 사건이든 아니면, 3차 결집은 분명히 아소카 왕 시절에 있었지만 후대에 〈미린다왕문경〉을 빠알리 삼장에 추가한 것이든, 둘 가운데 하나이다.

경전을 대하는 태도에 있어서 불교는, 성경을 기반으로 하는 유대교 및 기독교와 근본적으로 다르다. 경전을 확정하는 회의를 영어로는 똑같이 '협의회,' '심의회'라는 의미의 'council'로 표기하지만 불교는 '결집'(結集)이라고 하고 유대교와 기독교는 '공인'(公認)이라고 한다. 결집은 '흩어져 있던 것을 하나로 모은다'는 뜻이다. 반면에 공인은 정당하고 합법적인 공적 권위를 가지고 인정한다는 뜻이다. 결집은 모르던 것을 찾아내서 경전목록에 추가하는 기회가 될 수 있는 반면에, 공인은 기존에 인정된 것을 공적으로 검증하고 인준하는 작업이다.

예를 들면, 유대교에서 구약성경 39권을 확정한 것이 A.D. 90년 '얌니야 회의'였다. 'A.D. 90년'에 권위있는 유대인들이 모여 이해관계에 따라 짜맞추다가 타협의 산물로 39권이 만들어진 것으로 착각하기 쉽다. 실은, A.D. 90년 얌니야 회의에서 추가된 구약성경 목록은 하나도 없다. 39권이 공인되기 전, 유대인들은 토라(모세5경)와

'타나크'라는 목록을 가지고 있었다. '토라'는 B.C. 15세기에 확정된 것이다. 그 뒤에 계시된 성문서와 예언서, 34권의 목록이 '타나크'이니 예언이 마감된 B.C. 4세기에 '타나크' 목록은 완성된 것이다. 유대인들은 얌니야 회의 이전에 5백 년 동안 구약성경 39권을 사용하고 있었다. 즉, 500년 동안 사용하고 있었던 '타나크' 목록을 '정경'으로 공식 확인한 것이다.

그렇다면 굳이 공인 작업을 한 목적은 무엇인가? '타나크'를 공인함으로써, 500년 전 만들어진 목록에 아무것도 추가하지 않겠다고 못 박은 것이다. 이렇게 되면 나사렛 예수를 둘러싸고 출현한 바울, 베드로, 야고보, 요한 등의 기록물(신약성경)을 유대교에서 완전히 배제하는 효과가 된다. 게다가 B.C. 3세기경에 알렉산드리아에서 히브리어 구약성경을 헬라어로 번역한 일이 있는데, 이 번역본(칠십인경)에는 히브리어 원본이 없는 책이 예닐곱 권이 포함되어 있었다. 이 책들도 정경에서 배제한 것이다. 배제된 것들은 소위 '경외서'(經外書) 혹은 외경(外經)으로 분류된다.

똑같은 문제가 기독교에서도 발생한다. 나사렛 예수의 가르침이 모세5경에 대한 진정한 해석이며, 구약 선지자들의 예언 성취라면 구약성경 목록을 확정해야 한다. 구약성경 목록은 일찌감치 유대교의 모세5경과 '타나크' 즉, 39권이었다. 그러므로 기독교 측에서도 신약과 구약 목록은 변경의 여지가 없었다. 기독교의 성경을 구약 39권과 신약 27권으로 확정했음에도 불구하고 '타나크' 이외에 히브리어 원본이 없는, '칠십인경'에 포함된 외경들을 기독교의 구약성경 목록에 추가하자는 의견이 제기되었다. B.C. 419년 제4차 카르타고 공의회는 구약은 토라(모세5경)와 타나크 뿐이라고 분명하게 못박았다. 이로써 정경에 관한 논의를 영원히 종결지었다.

그렇다면 유대교와 기독교에서 정경(正經)은 무엇이며 외경(外經)은 무엇인가? 정경은 공적 예배와 교리에 사용할 수 있는, 따라서 공적 교육의 토대를 이루는 책(들)이라는 뜻이다. 외경은 신앙생활에 아무리 큰 유익을 주더라도, 아무리 권위가 있더라도 교리를 도출하는데 사용해서는 안 되는 책이라는 뜻이다. 그런데 1564년에 '로마 가톨릭'(천주교)은 '칠십인경' 가운데 '타나크'와 일치하지 않는 즉, 히브리어 원본이 없는 15권 가운데 12권을 정경에 포함시키로 결정했다. 1564년의 이 결정으로 로마 가톨릭은 기독교의 전통으로부터 벗어났다. 개신교와 달리, 초대교회의 원리를 저버리고 별개의 종교가 되는 길에 들어선 것이다.

4

서역불교와 대승불교 :
우리가 아는 불교

불교는 그 발상지에서는 상좌부와 대중부로 분열하여 발전했다. 서역에 진출한 뒤에는 대략 A.D. 1세기 말까지는 상좌부불교가 주도했지만 그 이후로는 대중종교화가 깊숙이 진행되면서 대승불교가 크게 성행했다. 불경의 언어도 빠알리어에서 산스크리트어로 바뀌고 근본경전도 달라졌다. 이 새로운 불교에서 동북아시아 종교로서의 불교가 자라나왔다.

1) 종교로 새롭게 출발하는 불교

학문에서 종교로

성경은 맨 첫 줄부터 '초자연적' 믿음을 요구하는 진술로 시작한다. 예수는 성경의 첫 줄과 모세5경과 구약성경 전체가 요구하는 '초자연적' 믿음을 바탕으로 자신에 대한 '초자연적' 믿음을 요구했다. 이 초자연적 믿음이, 눈멀고 귀먹은 자연적 믿음을 손잡아 이끌어주며 새롭게 해준다. 자연적 믿음으로는 신(神)의 영역을 엿볼 수 없으며 진정한 종교는 불가능하기 때문이다. 반면에 석가모니의 설법은 자아성찰적 학문의 영역에 머물렀다. 석가모니는 자신이 신(神)이라는 주장을 하지 않았고 신성한 능력을 가졌다고 과시하지 않았고 신으로 추앙받는 것도 거부하였다. 석가모니는 자신의 말을 믿어주고 따라주기를 바랐다. 석가모니는 '자연적'(自然的) 믿음을 요구한 것이다.

'1 더하기 1은 2이다'라는 진술은 공리(公理)이다. 이것을 사실이라고 믿는 것이 자연적 믿음이다. 이 믿음에는 신(神)도 종교도 신념도 필요없다. 왜 진리인지 몰라도 된다. 학교교사가 아이들에게 '1 더하기 1은 2이다'라고 말하면 그 교사는 자연적 진리를 말한 것이다. 방금 진리를 말한 이 교사가 '1 더하기 1은 3이다'라고 말할 때 학생들은 '1 더하기 1은 2일 수도 있고 3일 수도 있다'라고 받아들이면 안 된다. 조금 전에 진리를 말한 그 교사는 지금 거짓을 말했다고 해야 한다. 사실과 다르기 때문이다. 조금 전에 진리를 말한 교사가 말했기 때문에 당연히 '1 더하기 1은 3이다'도 진리라고 말해서는 안 된다. 이것이 석가모니가 말한 '자등명·법등명'의 기본적인 의미이다. 이런 식의 믿음이 '자연적 믿음'이다. 그러므로 자연적 믿음은 결코 '종교'가 아니다. 그렇기 때문에 자연적 믿음은 '신'(神) '창조'(創造) '영원' '천국' 등을 거론하지도 가르치지도 않는다. 자연계 안에서, 자연의 원리와 법칙 내에서 실증하고 증명할 수 없기 때문이다.

석가모니와 상좌부불교는 '자연적 믿음'을 깊이 추구하며 체계화하기를 원했다. 자연의 한계를 벗어나 '종교화(宗敎化)'하기를 극력부정한 것이 근본불교의 역사였다. 종교화를 적극적으로 부정한 석가모니의 가르침을 부정한 불교가 대승불교이다. 대승불교에서 추구하는 믿음은 '초자연적 믿음'이다. 석가모니를 신(神)이요 구원자로 간주하며 의탁하는 대승불교의 '믿음'을, 혹자는 힌두교에서 파생된 박티(Bhakti) 사상의 영향이라고 본다. 박티는 브라만교가 각종 토속 종교를 받아들여 대중화된 힌두교가 다시금, 이슬람의 영향을 받아 파생된 종교사상이다. '신(神)을 향한 사랑의 종교'는 결코 인도

종교에서는 나올 수 없었던 것이다. 박티는 이슬람이 들어온 뒤인, A.D. 10세기 이후에 생겨났다. 반면에 불교에서는 이미 A.D. 2세기에 이런 조짐이 나타난다. 고대 인도종교에서도 석가모니의 근본사상에서도 단서가 없었던 이 사상은 어디에서 왔다는 말인가? 신(神)과 인간을 '사랑'의 관계로 묶고 신을 향한 인간의 사랑을 종교와 예배의 중심에 설정할 수 있는 종교개념은 성경을 근간으로 하는 유대교와 기독교 밖에 없다.

> "이스라엘아 네 하나님 여호와께서 네게 요구하시는 것이 무엇이냐 곧 네 하나님 여호와를……여호와께서 오직 네 열조를 기뻐하시고 그들을 사랑하사 그 후손 너희를 만민 중에서 택하셨음이 오늘날과 같으니라"(신 10:12-15)

A.D. 1세기에 예수 그리스도는 "네 마음을 다하고 목숨을 다하고 뜻을 다하여 주 너의 하나님을 사랑하라"라는 말로, B.C. 15세기의 위 진술을 그대로 상기시켰다(마 12:30).

석가모니로부터 이어진 상좌부불교의 전통과 단절하고 대승불교라는 전혀 다른 새로운 흐름으로 들어서도록 만든 분수령(分水嶺)의 역할을 한 것은 카니슈카(혹은 카니시카) 왕의 '4차 결집'인 것으로 보인다. 4차 결집은 불교의 고토인 옛 마가다 왕국의 영역이 아니라 이질적인 세계인 '간다라' 문화권에서 개최되었다. 4차 결집을 '상좌부불교의 완성'이라고 평하지만 속내를 보면, 상좌부불교의 숨통을 끊어버리고 대승불교로의 문을 활짝 연 결집이었다. 이후로 상좌부불교 전통은 인도에서 점차 사라져간다. 상좌부불교의 맥은 아소카 왕이 실론 섬에 보낸 빠알리 삼장과 이를 전해준 전법사 마힌다와 여동생 '상가미타'에 의해 '남방불교'로 이어졌다. 남방불교에서는 카니슈카 왕이 간다라 지방에서 행한 결집이 아니라 실론 섬에서 B.C. 1세기에 빠알리 삼장을 문자로 옮긴 10년간의 노고를 4차 결집으로 인정한다.

실론에 전해진 것은 아소카 왕이 결집한 '빠알리 삼장'만이 아니다. 마힌다보다 한걸음 늦게 실론 섬으로 건너온 상가미타는 부다가야에 들려, 고타마 싯다르타가 깨달음을 얻을 때 수행정진했던 그 보리수나무 가지를 하나 꺾어왔다. 그 가지를 '아누라다푸다'의 마하보디 사원에 심었다. 그 가지에서 자란 보리수나무와 부처의 어금니 하나는 스리랑카 민중신앙의 근저를 형성했다.

카니슈카 왕의 4차 결집은 간다라 지방에 불교가 발달하도록 만든 계기인 것처럼 느껴지지만 실은, 간다라 지방의 불교는 4차 결집 이전에 이미 4백 년이 넘는 역사를 가졌다. 어쨌든 간다라를 중심으로 한 서역불교는 4차 결집 이후 천년가까이 북방불교에 지대한 영향을 미쳤다. 중국에 처음 전래된 불교는 인도 불교가 아니라 간다라 불교였다. 인도의 귀족인 아버지 구마라염(鳩摩羅炎:Kumarayana)과, 쿠차(龜玆)의 왕족인 어머니 '기바' 사이에서 태어나 7세에 출가한 구마라습(鳩摩羅什)이 A.D. 401년부터 '장안'에서 역경번역 활동에 착수할 때까지도 중국은 인도불교의 존재를 몰랐다. 서역불교는 이 당시에 이미 7백년 역사를 가졌다. 중국을 경유하여 고구려, 백제, 신라에 전래된 불교 역시 이 서역불교였다. 오늘날까지도 한국불교의 거의 대부분은 '간다라'라는 지명으로 상징되는 서역불교를 원형으로 삼고 그 틀에 머물러온 셈이다. 상좌부불교와 상좌부불교가 간직하고 있던 석가모니는 최근에야 소개되고 있다. A.D. 5세기의 '붓다고사'가 저술한, 남방불교의 수행참고서인 '청정도론'은 2004년에, 빠알리 삼장의 경장(다섯 니까야) 가운데 두엇이 이제 한글로 번역되었다.

'콩 심은데 콩 나고 팥 심은데 팥 난다'라는 것은 한결같은 자연법칙이다. 자연 속에서 자연력에 의해 생성되는 것은 자연적인 것이다. 사람이 만들어낸 '믿음'은 자연적 믿음이다. 반면에 하나님, 천국, 천국에 올라감, 영원한 생명, 영원한 축복은 초자연적인 것이다. 사람이 어떻게 자연적인 것으로 초자연적인 것을 얻을 수 있을까? 초자연적인 것을 얻으려면 초자연적인 능력이 있어야 한다. 무엇보다 초자연적인 것의 '씨앗'이 심겨져야 한다. 사람이 하늘에 올라가려면, 천국에 들어가려면, 하늘에서 통할 수 있는 능력을 덧입어야 한다.

"네가 내 얼굴을 보지 못하리니 나를 보고 살 자가 없음이니라"(출 33:20)
"오직 하나님에게서 온 자만 아버지를 보았느니라"(요 6:46)
"우리가 예수의 피를 힘입어 성소에 들어갈 담력을 얻었나니"(히 10:19)

성경이 진술하는 역사적 사건들에 대한 지적(知的) 동의는 피상적인 믿음이며, 자연적 믿음에 불과한 것이다. 거듭나야 한다. '거듭남'은 불신자의 '자연적 믿음' 위에 하늘로부터 오는 '초자연적 믿음'이 씨 뿌려지는 것이며, 덧씌워지는 것이다. 자연적 믿음은, 은혜에 의해 통제되고 자라야 하고 성숙해야 한다.

"너희가 그 은혜를 인하여 믿음으로 말미암아 구원을 얻었나니 이것이 너희에게서 난 것이 아니요 하나님의 선물이라"(엡 2:8)

성경을 자세히 살펴서 예수 그리스도를 발견하고, 활시위를 떠난 화살이 표적을 향해 날아가는 것처럼 예수에게로 날아가 꽂혀야 한다. 아이가 어머니 품에 안겨 젖을 빨며 어머니의 손길에 의지하고, 환자가 의사를 신뢰하고 의지하듯 예수 그리스도를 신뢰하고 의지한다. 이것이 기독교의 믿음이다.

2) 서역(西域)과 서역불교

서역은 대체로 오늘날의 중국 신강자치구(新疆自治區)와, 이에 인접한 중앙아시아 일대를 포함하는 지역을 가리키는, 중국의 관점이 녹아든 용어다. 좁은 뜻으로는 중국, 인도, 터키, 메소포타미아, 이집트, 유럽의 문명과 무역을 교류하는 통로인 비단길의 중계기지 역할을 하는 타림분지 일대를 가리킨다. 타림분지의 대부분을 차지하는 것이 타클라마칸 사막이다. 이 사막을 점점이 잇는 오아시스 도시들을 따라, 남쪽과 북쪽으로 우회하는 두 무역로를 우리는 비단길이라고 부른다. 고대로부터 인도는 북서방면의 카슈미르를 통해 이 비단길과 원활하게 접촉해왔다. 인도의 카슈미르 일부와, 그 넘어 일대를 B.C. 6세기 무렵부터 A.D. 11세기까지 '간다라'라고 불렀다.

'간다라' 왕국은 지금은 대부분 파키스탄에 속해 있는 페사와르 계곡, 포토하르 고원, 카불 강 유역을 중심으로 B.C. 6세기에 세워진 왕국이었다. B.C. 4세기에 헬레니즘 문명의 보급자 알렉산더로 인해 간다라 지방은 그리스 인들의 통치 하에서 헬레니즘의 영향을 강하게 받았다. B.C. 3세기에는 인도 마우리아 왕조의 아소카 왕의 지배를 받았다. 불교를 강력하게 후원한 마우리아 왕조가 쇠퇴하면서 그리스 계 박트리아 왕국의 영토가 되었다. 지리적 특징과, 소그드 인들처럼 비단길 무역에서 보여준 발군의 활약으로 서역 일대 특히 간다라는 온갖 문명의 종합체가 되었다. 그 후 북방 스키타이족의 일파인 사카 왕국, 이란계 파르티아 왕국, 서역출신으로 인도 북부까지 진출한 쿠샨 왕조가 차례로 다스렸다. 쿠샨 왕조는 카스트제도를 옹호한 브라만교를 제외한 온갖 종교를 자유롭게 허용하였지만 특히, 불교를 적극적으로 후원하여 서역불교는 중흥의 시대를 맞이했다.

서역불교의 시작

불교는 처음 등장할 때부터, 갠지스 강 중류를 중심으로 세력을 확장하던 마가다 왕국의 보호와 후원을 받았다. 마가다 왕국을 멸망시키고 등장한 마우리아 왕조 역시 불교를 후원하는 것을 국책으로 삼았다. 왕국들의 권력과 부의 근간은 상업과 무역에 있었고, 무사계급과 상인들은 최상위층인 브라만의 간섭을 배제하기를 원했던 것이다. 불교는 브라만 계급의 논리와 영향력을 파괴하면서 갠지스강 일대를 근거로 퍼져나갔다. 아소카 왕은 불교의 영향력을 확대하기 위해, 3차 결집을 적극적으로 후원하고 그 결과물인 '빠알리 삼장'을 인도 곳곳과 주변 여러 나라에 전했다.

전법사와 짐꾼들이 '빠알리 삼장'을 짊어지고 나타났다고 해서 그 지역이 즉각적으로 불교사상에 심취했다고 쉽사리 믿어버리면 안 된다. 빠알리 삼장은 비록 종교의 외피를 뒤집어 쓴 것처럼 보여도 석가모니와 그 제자들이 250년에 걸쳐 구축한 고도의 학문체계였다. 더구나 출가수행자를 위한 학문이다. 이때의 불교는 그냥 석가모니만 믿으면 된다고 가르치는 '신앙'이 아니었다. 불법(佛法)을 구성하는 이론체계를 이해하고 복잡한 용어들을 소화해야 한다. 이것은 불교의 원리들과 전체 체계를 명확하고 일목요연하게 소화시켜주는 참고서를 가지고도 최소한 수십 년이 걸리는 일이다. 이 과정을 쉽게 해내도록 도움을 주는 탁월한 안내서는 상좌부 전통에 속하는 설일체유부에서 B.C. 2세기에 출간했다. 가다연니자(迦多衍尼子, Katyayaniputra)가 쓴 『아비달마발지론(阿毘達磨發智論)』이 이런 책이다. 이 책으로 말미암아 B.C. 2세기 이후 설일체유부가 상좌부의 모든 부파를 제치고 독보적인 존재가 된다.

하지만 늦었다. 불교는 브라만교를 철저히 이기지 못했다. 인더스 강 일대로는 효과적으로 침투하지 못했다. 수백 년에 걸쳐 무수한 사상가들과 종교들로부터 도전을 받은 브라만교는 인더스 강 유역을 중심으로 재기의 발판을 튼실하게 만들어냈다. 각종 종교와 토속 신앙을 흡수했다. 심지어 오랜 세월에 걸쳐 불교의 장점도 파악하고 통합했다. 그 결과, 브라만교는 힌두교로 거듭났다. 힌두교는 고대종교의 저열화(低劣化)가 아니었다.

브라만교는 B.C. 4세기에 고전 산스크리트어 문법을 완성했다. 문법체계를 완성할 수 있었던 문화적 저력과 완성된 문법에 의해 생산된 고급문화를 통해 불교를 압도할 수 있게 되었다. 산스크리트어는 '표준어'로 자리를 잡아갔다. 불경(佛經)들조차 산스크리트어로 기록되어 갔다. B.C. 2세기부터는 '마누법전'이 제대로 정비되기 시작했다. 결국, 대중적 차원에서든 엘리트적 지성의 차원에서든, 학문의 차원에서든 종교의 차원에서든 불교를 압도하고 밀어내기 시작했다. 고대의 브라만교는 힌두교로 탈바꿈했다. 그리고 인도의 종교가 되었다. 인도에서 불교가 존재할 근거를 빼앗았다. 결국 불교는 인도의 상위 계급과 하위 계급, 모두로부터 버림을 받았다. 훗날 '인도'라는 무대에 등장한 이슬람 세력은 불교의 마지막 숨통을 끊었을 뿐이다.

갠지스 강의 중류 일대에서 태어나 번성하던 불교는 갠지스 강 상류와 인더스 강 상류의 중간쯤에 위치한 마투라(Mathura)에 진출했다. 고대로부터 발달된 상업도시이며 경제 중심지였던 이곳은 외래 문물을 쉽게 받아들였다. 설일체유부는 이곳에 단단히 자리를 잡았다. 훗날 이곳의 설일체유부는 자신을 '근본 설일체유부'라고 부르기도 했다. 설일체유부가 성공적으로 뻗어간 방향은 인더스 강 방면이 아니었다. 북서쪽으로 이어지는 무역로를 따라 올라갔다. 불교는 카슈미르를 통해, 그 너머에 있는 간다라로 퍼졌다. 그래서 '카슈미르 설일체유부'와 '간다라 설일체유부'가 나왔다. 처음에는 하나였으나 나중에는 개별성을 갖고 독자적으로 발전했다.

서역 불경

한국의 불교신자들이 알고 있는 대부분의 불경은 석가모니와 그다지 인연이 없다. 불교가 중국에 전해진 첫 4백 년 동안은 전적으로 서역불교였다. 중국불교가 인도불교의 존재를 알게 된 것은 A.D. 5세기에 들어서면서라고 봐야 한다. 중국불교의 첫 번째 신기원을 이룬 구마라습은 서역 쿠차 출신이었다. 구마라습은 카슈가르의 작은 도시국가에서 '수리야소마'라는 승려의 지도를 받아 '용수'의 대승불교사상을 배웠다. 그리고 이 불교사상을 중국에 전했다. 이 무렵 불경을 한역하는 작업을 주도한 역경승들은 거의 전부 서역출신들이었다. 이 영향은 한반도의 불교 전래에까지 영향을 미쳐 원효와 의상 이전에 받아들인 불경은 모두 서역 불경이라고 보면 된다.

놀랍게도, '서역'은 단지 불교의 중계기지가 아니었다. 서역출신의 승려들은 대승불교의 중요한 경전들을 만들고 보급함으로써 독창성을 보여주었다. 대승불교가 왜 옳은지, 그 정당성을 확립해주는 논서가 『대승기신론(大乘起信論)』이라는 책인데 산스크리트어 원본이나 티벳어 역본이 존재하지 않고 한역만 존재한다. 그래서 이 책도 서역에서 만들어진 것으로 여기는 학자들이 많아지고 있다. 심지어 〈80화엄〉, 〈법화경〉같이 중요한 불경도 인도가 아니라 서역에서 만들어진 것으로 추정한다. 나아가서는 대승불교 경전을 집대성하는 작업도 서역에서 이뤄졌을 여지가 크다. 삼장법사라고도 알려진 현장(玄奘, 602-66년)은 중국 불교를 제대로 정립하는데 결정적인 기여를 한 승려였다. 13세에 출가하여 한역 불경을 보다가 의문점이 많아져 산스크리트어와 빠알리어 원본을 대조해서 공부하고 싶다는 생각에, 인도의 '나란다' 사원으로 유학을 왔다. 하지만 A.D. 5세기에 나란다 사원을 창설한 굽타 왕조는, 불교를 후원한 쿠샨 왕조를 이민족 침략자로 규정하고 힌두교를 민족종교로 후원하는 정책을 추진했다. 굽타왕조는 마누법전을 통해 힌두교를 인도 민중의 일상생활까지 깊숙이 스며들게 한 왕조였다. 이러한 맥락에서 놓고 보면, 나란다 사원은 불교대학이며 힌두이즘을 곁들여 가르쳤다는 식의 해석은 아전인수에 가깝다. 오히려 그 반대의 경우가 진실이었다고 해석해야 한다. '나란다'는 불교 중흥을 목적으로 한 것이 아니라 힌두교의 중흥을 위해 불교를 연구하고 흡수하고 해체하는 작업의 본산이었던 것이다.

불상(佛像) 시대의 시작
불상(佛像, Buddharupa)은 A.D. 2세기 무렵에 등장한다. 꽤 늦었다.

불상이 이토록 늦게 나타난 것은 석가모니와 상좌부불교가 강력하게 반대하였기 때문이다. 신앙과 결부된 모사(模寫) 혹은 형상화(形象化)는 그 대상을 신격화하여 숭배한다는 의미이다. 반대로 그 대상이 본래적 신(神)이라면 형상화는 신적 존재의 저열화(低劣化)를 의미한다. 형상화하는 것과 상징(象徵)으로 나타내는 것은 다르다. '연꽃'으로 부처를 가리키는 것과 '연꽃'을 숭배하는 것이 전적으로 다른 것처럼, 석가모니는 자신이 손가락으로 가리키는 진리를 사람들이 바라보고 깨닫기를 바랐다. 석가모니 자신을 우러러보며 숭배하는 것을 조금도 원치 않았다.

그러므로 불상의 등장은 석가모니를 이상적인 존재요 초월적인 능력자로 숭앙하는 잘못된 분위기가 형성되었다는 뜻이다. 석가모니와 유명한 불제자들의 유골, 유품, 사리를 숭배하는 움직임도 나타났다. 초월적 능력을 가진 존재를 모사한 그림 혹은 형상, 유물은 그 존재 본래의 특별한 능력을 간직하고 있다는 믿음은 저열한 신앙, 형상숭배의 특징이다. 즉, 불교는 종교화의 길로 들어섰다. 역사적 석가모니를 버리고 신격화된 석가모니를 만든 셈이다.

가장 초기의 불상은 인도 북부 '마투라'와 '간다라'에서 나타났다. 마투라의 초기 불상들은 불교와 거의 동시에 발생한 자이나교의 조상(彫像)들과 거의 구별되지 않는다. 반면에 간다라 불상은 헬레니즘 즉, 그리스-로마 신화와 그 문명의 영향을 강력하게 반영했다. 지금은 그리스-로마 신화라고 부르지만 명백히 그리스-로마 종교였다. 로마 황제는 단순한 통치자가 아니라 '폰티팩스 막시무스'(Pontifex Maximus) 즉, '최고 제사장'이었다.

후한(後漢)의 역사서에 대진국왕(大秦國王) 안돈(安敦)이라고 기록된 A.D. 2세기의 철인(哲人) 황제 마르쿠스 아울렐리우스는 태양신을 섬기는 제전을 거행했다. A.D. 375년에 와서야 로마 황제는 '폰티팩스 막시무스'의 지위를 포기했다. 로마인들은 B.C. 6세기부터 종교제의적 의미에서 형상을 만들어 숭배의식의 중심으로 삼았다가 기독교를 국교로 받아들인 이후인 A.D. 4세기에 중단할 때까지, 로마황제는 형상(形象) 숭배를 주관하는 대사제(大司祭)였다.

B.C. 4세기에 알렉산더는 마케도니아 군(軍)을 골간으로 하는 헬레니즘 문명의 군대와 상인들을 이끌고 페르시아를 멸망시키고 인도까지 진군하여, 아프리카-아시아-유럽에 걸친 대제국을 건설했다. 알렉산더는 졸지에 죽고 제국은 분할되었더라도, 광대한 무역망은 원활하게 작동하였고, 3백 년에 걸쳐 헬레니즘 문명 시대를 만들었다. 헬레니즘 자체가 융합문명이었다. 종교들도 공존과 혼합을 겪었다. 박트리아와 간다라는 융합과 혼합의 산실이었다. B.C. 3세기부터 그리스의 다신교를 비롯하여 조로아스터교, 불교가 서로 경쟁하며 상대로부터 배웠을 것이다. 다만, 유대교와 같은 경전중심의 종교, 순수를 지양하며 혼합화에 극도의 저항감을 가진 종교만이 주변에 영향을 주면서도 영향을 받아들이지는 않았을 것이다.

형상의 등장은 기념해야할 무엇인가를 형상화하여 건물의 안팎을 장식하는 것으로 그치지 않는다. 황금과 각종 보석들로 화려하게 장식했던 그리스-로마의 신들을 모방하여 조상(彫象)들을 만들되 불교의 설화와 이론에 맞춰 구석구석의 모양과 자세, 손가락 모양 등에 대한 정밀한 이론체계를 발전시켰다. 이에 걸맞은 건축이론과 예배의식도 체계화하게 된다. 걸치고 있던 누더기를 나무 밑에 깔고 앉아 수행을 했던 석가모니와 그 제자들이 극력 피했던 길이었다. 이처럼 불상의 등장은 자아성찰과 인식의 학문(學文)적 성격을 탈피하고, 신격화와 숭배의 종교로 변천하였다는 것을 단적으로 나타낸다.

필요에 따라 '경전'을 만들 수 있다는 발상 그리고 이러한 발상을 허용하려는 심리는 순수한 종교란 없으며, 모든 종교는 심약한 인간들을 위해 교묘하게 만들어낸 허구라는 주장을 정당화하려는 심리이다. 66권 성경 이외에 새로운 계시를 받았다고 주장하거나 성경을 자기 멋대로 해석하고 가르치려드는 것도 바로 이런 심리의 연장이다. 이런 심리 혹은 사고방식은 성경에서 나오지 않는다. 결코 나올 수 없다. 가장 초보적인 유형의 이단일 뿐이다. 게다가 성경에 기록된 문자들을 등한히 하는 태도, 그 문자의 의미를 정확히 간파하려는 노력을 번쇄주의적 혹은 훈구적이라고 경멸하는 태도, 기도 혹은 묵상을 통해 새로운 계시를 깨닫고자 하는 태도는 어떤 종교에서도 혼란을 더할 뿐이다. 하물며 순수 종교인 기독교에서는 더 말할 것도 없다.

마음의 간절함, 지극한 정성, '염원,' '절대자에 대한 의존심'은 종교의 일부분이지 본령이 아니다. 간절한 마음에, 막연하고 어리석고 무지몽매한 미신적 관념을 덧씌워 만든 종교는 파멸적 운명을 해결해주지 못한다. 단지 자기최면과 외면을 통해, 일시적 자기 위안만을 얻을 뿐이다. 이런 종교적 관념을 털어내야 한다.

3) 보살(菩薩)

오늘날 한국에서는 여성불교 신자를 가리켜 '보살'이라고 부르는 경우가 많다. 보살은 빠알리어로는 '보디삿따'(bodhisatta), 산스트리트어로는 '보디사트바'(bodhisattva)에서 나온 말이다. 하지만 이 용어는 인도의 다른 종교에서는 사용하지 않았고 전적으로 불교계통에서만 썼던 용어라고 한다. 본래, 붓다가 될 정도로 높이 수행을 쌓은 사람을 가리키는데 썼던 용어였다. 따라서 상좌부불교 시대에는 오직 석가모니를 가리키는 말로만 썼다. 기술적으로는, 석가모니가 고타마 싯다르타로 태어나기 전의 여러 전생에서 수행과 선업을 쌓아가는 인생을 가리켰다.

석가모니와 상좌부불교는 출가주의 입장이었다. 반드시 출가수행을 해야 해탈할 수 있고, 여자는 출가수행을 할 수 없고 반드시 남자로 환생해서 수행하고 해탈해야 한다고 했다. 대승불교는 이 입장을 버렸다. 출가하지 않아도 된다고 가르쳤다. 분명히, 반드시 출가해야 하다는 벽에 부딪혀 불교를 포기하는 재가신자들을 붙잡기 위한 고육책이었을 것이다. 여기에, 여자신도를 '보살'이라고 부른다는 것은 여성 재가신자도 '출가수행 없이' 해탈하여 열반에 들 수 있다는 주장을 취했다는 의미가 된다. 그렇다면 '비출가자는 어떻게 수행을 해야 하는가?'라는 질문이 제기된다. 대승불교는 '보살승'이라는 것을 추가했다. 한마디로, 사성제·팔정도를 닦지 않아도 된다는 것이다. 이처럼 대승불교는 수행의 가치를 약화시켰다. 게다가 이 수정의 근거를 제시하기 위해, 인간 내면에 부처가 될 수 있는 자질 즉, 불성(佛性)이 있다고 주장했다. 그래서 재가신자를 높여 보살이라는 호칭을 붙여준다. 모든 불제자는 해탈할 후보자라는 뜻으로 모든 재가신자들에게 사용하게 된 것이다.

상좌부불교에서는 열반에 드는 길이 두 가지라고 했다. 하나는 성문승(聲聞乘)이고 다른 하나는 연각승(緣覺乘)이다. 성문승은 석가모니의 음성을 들으면 된다는 것인데, 석가모니 사후에는 석가모니의 가르침을 충실하게 따르는 출가수행자가 되는 것을 가리킨다. 연각승이란 석가모니의 음성을 들을 수 없기 때문에 스스로 연기(緣起)의 이치를 깨닫는 연각 혹은 독각(獨覺)을 추구한다는 뜻이다. 상좌부 불교란 결국 '연각승'을 가르치는 것이다. 이것을 대승불교가 자기중심적, 개인주의적, 독선적이라고 비난하지만 다른 사람이 아무리 도와줘도 깨달음을 대신해줄 수는 없다. 해탈과 열반은 사람의 본성이나 자질과는 상관이 없었다. 그런데 대승불교는 이 전제를 수정했다. 그러니 당연하게도, 초기 대승불교는 열반에 드는 다른 방법을 추가해야 한다.

대승불교는 '보살승'을 추가하면서 성문승, 연각승보다 대승불교의 교설을 따르는 것이 훨씬 더 낫다고 주장했다. 정말이지. 더 쉽고 더 좋은 길이 있다면 당연히 옛 길을 버리고 새 길을 가는 것이 옳다. 이런 점에서 대승불교의 주장은 당연하지만, 석가모니를 부정하는 모순에 부딪힌다. 이 모순을 그대로 둘 수 없으니 대승불교의 후기인 법화경에서는 삼승을 구분할 필요가 없다며 회삼귀일(會三歸一)을 말한다. 석가모니를 버리지는 못하겠다는 뜻이다.

'보살승'의 구체적인 실천방안이 '육바라밀'(六波羅蜜)이다. 타인에게 마음을 편안하게 해주거나 재물이든 불법이든 베푸는 '보시바라밀'(布施波羅蜜), 계율을 수행하며 살아가는 '지계바라밀'(持戒波羅蜜), 희노애락에 빠지지 않고 모든 것을 참고 견디는 '인욕바라밀'(忍辱波羅蜜), 흔들리지 않고 꾸준히 바라밀행을 추구하는 '정진바라밀'(精進波羅蜜), 맑고 바른 마음가짐을 꾸준히 지키는 '선정바라밀'(禪定波羅蜜), 모든 법도를 아는 '지혜바라밀'(智慧波羅蜜) 혹은 '반야바라밀'(般若波羅蜜), 여섯 가지이다. '바라밀'은 산스크리트어 '파라미타'의 음역인데 '완전한 상태를 이룬다'는 뜻이다. 대승불교가 교리를 발전시키고 여러 종파가 나오면서 이 육바라밀을 성취하는 구체적인 방안들을 더욱 체계적으로 제시하였다. 하지만 바라밀행이란 본질적으로, 석가모니와 상좌부불교의 팔정도를 대체한 것이다.

4) 다불(多佛) 사상

붓다(부처, 佛)는 본래 인도종교에서 '깨달은 자'라는 뜻으로 사용되었으나 고타마 싯다르타의 등장으로 특히, 불교에서는 오직 석가모니만을 가리켜 '붓다'라고 했다. 그러다가 '간다라' 지방을 포함하는 서역일대로 불교가 전래되면서, 석가모니와 상좌부불교와는 다른 불교로 변질되기 시작했다. 상좌부불교에서는 철저하게 일불사상을 고집하고 다불사상을 반대했다. 그럼에도 석가모니(붓다)가 초자연적 존재가 되고, 여럿이 되었다. 심지어 부처의 수가 셀 수 없이 많다고 하는 지경에 이르렀다. 이에 발맞춰, 대승 경전들이 출현한다. 석가모니가 생전에 정리한 설법을 포함한 초기 불경들은 대중적 속어인 '빠알리'어로 기록되었으나 대승경전들은 산스크리트어로, 혹은 서역 각지의 언어 기록되었다. 그 원전(原典)이 애매하며 방대하다. 〈반야경〉군(群), 〈화엄경〉군(群), 〈법화경〉군(群)과 같이 대승불교의 주요 경전들이 성립되면서 부처의 수가 급격히 늘었다. 부처의 수가 경전마다 다르다.

일단 석가모니 이전에, 여섯 부처가 있었다는 과거칠불(過去七佛)론이 나왔다. 상좌부와 갈라선 대중부의 후기경전 가운데 〈마하바스투〉(Mahāvastu)에서는 동쪽에 5불, 남방에 3불, 서방에 1불, 상방에 1불, 하방에 1불이 있으며 현재 불법을 설하고 있다고 한다. 그러나 〈소품반야경〉과 〈아촉불국경(阿閦佛國經)〉은 동방의 부처로 '아촉불'(Aksobhya-Buddha)을 거론한다. 〈법화경〉과 〈비화경〉에도 나온다. 이런 식으로 남방에 보상불(寶相佛), 서방에 무량수불(無量壽佛), 북방에 미묘성불(微妙聲佛)이 있다. 그리고 이 네 부처를 창조한, 우주의 중심인 '비로자나불'이 있다.

불교가 때로는 범신론, 때로는 힌두교 등의 특성을 그대로 보이는 것에 대해, 부처가 여러 모양으로 현현할 수 있고, 불교도가 상대의 상황과 사상에 맞춰, 그들의 종교와 사상으로 불법을 설명한다고 해명한다. 일신교 신자에게 불법을 깨우쳐주기 위해 일신교의 논리로 말해주고, 이원론자에게는 이원론으로 설명하고, 다신교도에게는 다신교의 여러 신을 동원하여 도를 전한다는 해명은 모순이며 고유의 종교가 없다는 뜻에 다름 아니다. 게다가 대승불교가 성립하는 과정에서 만난 모든 종교의 특징과 사상을 그대로 흡수하여 불교적 용어와 관념으로 재해석하였다는 뜻이기도 하다. 애매모호하고 문제를 많이 일으키는 태도이다.

비로자나불(毘盧遮那佛)과 수레바퀴

'비로자나'는 산스크리트어로 '마하바이로차나'(Mahāvairocana)인데 '크다' 혹은 '위대하다'라는 뜻의 '마하'와 '태양'이라는 '바이로차나'가 결합한 단어이다. 그래서 '대일여래'(大日如來)라고도 한다. 초기에는 '다르마'(法)를 가리켰으나 점차 인격화 되더니 〈화엄경〉에 이르러서는 우주 전체에 광명을 비추는 법신불(法身佛)로서 기독교의 창조주 개념을 흡수한 것으로 보인다.

우주 자체이며 우주 전체를 감싸고 있던 비로자나불은 처음에는 '혼돈'이었다가 오랜 참선 수행 끝에 깨달음을 얻어 빛이 되었다. 비로자나불의 혼돈에 의해 장남인, 어둠의 신 '마라'가 태어나고 깨달음에 의해 빛의 신 '라마'가 태어났다. 빛의 신과 어둠의 신, 비로자나불의 두 아들은 서로 싸우다가 어둠의 신은 패하여 쫓겨나고 빛의 신은 상처를 입어 죽었다. 비로자나불은 둘째 아들, 빛의 신 '라마'

의 죽음을 슬퍼하였다. 라마의 몸을 네 등분하여 동서남북의 부처(선정불)로 만들어 마라를 막도록 하였다. 성경의 첫 대목을 연상시킨다. 성경은 "땅이 혼돈하고 공허하며 흑암이 깊음 위에 있"을 때 하나님이 "빛이 있으라"라는 말씀으로 빛을 창조하여 빛과 어둠을 나눴다는 선언으로 시작한다(창 1:1-3). 이어지는 내용을 거의 그대로 가져다가 불교적 수행, 윤회, 빛과 어둠에 인격을 부여하고 신격화하는 등으로 윤색한 것으로 보인다.

불교의 설명에 따르면, 응신불(應身佛)인 석가모니가 깨달음을 얻었을 때 법신불(法身佛)이 석가모니와 하나가 되어, 석가모니를 통해 법신불을 나타낸다. 이 주장은, 예수의 "나와 아버지는 하나이니라"(요 10:30)라는 선언과, 빌립에게 주신 "나를 본 자는 아버지를 보았"고, "나는 아버지 안에 있고 아버지는 내 안에 계신 것"과 "아버지께서 내 안에 계셔 그의 일을 하"신다는 가르침(요 14:9-10)과 기본적으로 같다.

이 때문에 예수의 주장은 불교 특히 법화경에서 배운 내용이라는 주장하는 사람들이 있다. 기독교에 불리하게 연대를 잡는 사람들은 예수 그리스도의 지상생애 기간인 A.D. 1세기 전반이 아니라 요한복음의 저작연대를 기준으로 삼는다. 그것도 연대를 최대한 늦게 잡으면 2세기 초반이 된다. 반면에 대승불교 성립시기를 B.C. 1세기로 높여 거론한다. 심지어 대승경전의 단편적인 내용이 B.C. 3세기에 결집된 '빠알리 삼장'에도 나온다는 식으로 표현해서 혹시, B.C. 3세기에 성립된 불경을 예수 혹은 사도들이 공부해서 받아들이지 않았을까 의심하게 만든다. 하지만 상좌부불교에서 기독교 삼위일체와 유사한 삼신론으로 석가모니를 설명하는 논설을 받아들였을 리가 없다.

　대승경전의 몇몇 단편들은 B.C. 1세기 무렵부터 출현하였지만 〈법화경〉은 A.D. 200년경에 즉, 요한복음이 기록된 이후 근 백 년 뒤에 나온 셈이다. 학자에 따라서는, 1세기에는 반야경 계통, 2세기에 화엄경 계통이 성립하고 법화경 계통은 4세기에 성립된 것으로 추정하기도 한다. 대승불교가 본격적인 궤도에 오르게 된 계기는 3세기에 출현한 '용수'의 활동에 의해 마련되었다. 401년에 중국에 도착한, 쿠차 출신의 '구마라습'이 대승불경들 및 관련서적들을 번역해서 중국에 전했다. 그러니 〈법화경〉과 그 기본사상은 빨라야 2세기 말에서 4세기말 사이에 성립된 것으로 추정하는 것이 타당하다.

　종교는 경전의 등장으로 끝나는 법이 없다. 그 경전에 대한 해석과 이론체계의 정립이 반드시 뒤따라와야 한다. 그래야 일관된 설명을 제시할 수 있고, 현실에서 부딪히는 많은 문제에 대해 효과적인 해답을 찾을 수 있다. 대승불교는 5세기에서 7세기 사이에 이론체계가 성숙해진다. 〈법화경〉에 대한 연구 뒤에, 이를 바탕으로 중국에서 천태종이 나온다. 기독교 역사에서 삼위일체 이론체계는 4세기에 정립된다. 경전이든 이론이든, 기독교가 법화경의 영향을 받았을 현실적인 가능성은 전혀 없었다. 오히려 유대교와 기독교가 불교에 지대한 영향을 미친 것이 확실하다.

　비로자나불을 주불(主佛)로 삼고 있는 불경이 〈화엄경〉이다. 〈화엄경〉에서 비로자나불은 한 마디도 하지 않고 침묵을 지킨다. 미혹에 빠진 인생들의 눈에는 비로자나불이 보이지도 않는다. 그러나 어디에나 있으며, 굳건히 믿고 있으면 언제 어디에서든 만날 수 있다. 마치 영적 실체이기 때문에 보이지 않는 아버지 하나님이 아들 하나님을 통해 자신을 나타내는 것과 비슷하다. 게다가 비로자나불은 우주 전체에 충만하고 끝없이 가득 차 있으며 우주 전체를 총괄하는 전능자라고 말한다. 하나님 혹은 아버지 하나님에 관한 성경의 가르침과 흡사하다.

"여호와여 광대하심과 권능과 영광과 이김과 위엄이 다 주께 속하였사오니 천지에 있는 것이 다 주의 것이로소이다 여호와여 주권도 주께 속하였사오니 주는 높으사 만유의 머리심이니이다"(대상 29:11).[2)]

"하나님도 하나이시니 곧 만유의 아버지시라 만유 위에 계시고 만유를 통일하시고 만유 가운데 계시도다"(엡 4:6)

"본래 하나님을 본 사람이 없으되 아버지 품속에 있는 독생하신 하나님이 나타내셨느니라"(요 1:18)

"그는 보이지 아니하시는 하나님의 형상이요 모든 창조물보다 먼저 나신 자니"(골 1:15)

------

2) 역대기는 B.C. 450년경에 에스라가 기록한 것으로 판단되고, 에베소서는 사도 바울이 A.D. 62년에 로마의 감옥에서 기록한 것이다.

하나님을 목격한 인생이 있을 수 없다는 것은 구약성경의 시종일관한 가르침이다(삿 13:21, 사 6:5). 그렇지만 하나님은 선한 형상과 이름을 통해, 그리고 여러 모양으로 자신을 나타냈다(출 33:9, 히 1:1)

법신불(法身佛-비로자나불), 응신불(應身佛-석가모니), 보신불(報身佛-노사나불), 이 삼신불(三身佛)을 기독교의 삼위일체론과 사실상 동일하게 논하는 것은 특히, 중국 천태종의 교설이다. 중국 천태종은 〈법화경〉을 근간으로 하여 A.D. 594년 무렵에 시작한 종파이다. 반면에, 중국에서 7세기 후반에 성립된 종파로서, 개별자를 강조하는 법상종은 삼신불을 각각 별개의 존재로 간주한다. 마치 삼신론(三神論)이라는 입장과 같다. 화엄종에서는 삼신(三神)이 아니라 법신 하나뿐이라고 하여 마치 양태론적 단일신론처럼 말한다. 삼위일체론을 둘러싼 기독교 내부의 논쟁과 비슷한 양상이다.

불교의 삼신불이 힌두교의 삼주신(三主神, trimurti) 즉, 브라흐마(Brahma), 비슈누(Vishnu), 시바(Shiva)와 비슷해 보이지만 다르다. 먼저, 신들이 하는 일에서 차이가 난다. 브라흐마는 우주를 창조하고 비슈누는 유지하고 시바는 파괴한다. 이 세 신의 역할분담으로 우주는 생성-유지-소멸을 반복한다. 불교의 삼신불처럼 구원의 경륜에서 협화(協和)를 이루지 않는다. 작은 듯해도 간단히 무시할 수 없는 차이다. 힌두교의 삼주신이 우주의 생성과 유지와 소멸에 관여한다는 이야기는 '푸라나'라는 힌두교 경전에 나온다. 그런데 '푸라나'는 단순한 문서 혹은 경전이 아니고 일종의 문학 장르이다. 푸라나 가운데 가장 중요한 것이 '마하푸라나'라는 것인데 모두 18종이 있다.

그 다음에 중요한 것은 '우파푸라나'라는 것인데 이 역시 18종 가량이 있다고 한다. 시기적으로 가장 먼저 기록된 푸라나는 굽타왕조 시대에 속한다고 한다. 그렇다면 A.D. 3~5세기이다. 정통파 힌두교에서 불교는 이단이고, 불교에서 힌두교는 극복의 대상이다. 이런 과정에서 불교는 '브라흐마'를 범천(梵天)이라는 이름을 주고 불법의 수호신 정도로 격하시켰다. 따라서 힌두교의 삼주신이 불교의 삼신불로 건너올 가능성은 없다. 유일하게 기독교의 삼위일체론이다.

비로자나불의 상징이 '수레바퀴'이다. 흡사 서양 범선의 조타기처럼 생겼는데 '수레바퀴'라고 한다. 수레바퀴는 불교와 힌두교 모두에서 윤회를 상징한다. 하지만 불교에서는 진리의 전파를 '소가 끄는 수레의 바퀴'에 비유한다는 점에서 다르다. 더구나 사찰의 중심 건물인 대웅전의 주불(主佛)이며, 법 그 자체인 법신불을 수레바퀴라는 상징으로 나타낸다는 것은 매우 특별한 점이다. 이 점은, 구약성경의 다음 세 장면을 연상시킨다.

첫째, B.C. 10~8세기 사이에 기록된 사무엘상 6장에 하나님의 계시인 언약궤와, 소가 끄는 수레가 나오는 장면이 있다. 블레셋 족속들이 이스라엘 백성들에게서 하나님의 언약궤를 빼앗았지만 엄청난 재앙을 견디다 못해, 언약궤를 이스라엘에게 돌려줄 때, 소가 끄는 수레에 실어 보냈다.

"젖나는 소 둘을 끌어다가 수레를 메우고 송아지들은 집에 가두고 여호와의 궤와 및 금쥐와 그들의 독종의 형상을 담은 상자를 수레 위에 실으니 암소가 벧세메스 길로 바로 행하여 대로로 가며 갈 때에 울고 좌우로 치우치지 아니하였고 블레셋 방백들은 벧세메스 경계까지 따라 가니라"(삼상 6:10-12)

둘째, 블레셋으로부터 돌려받은 이 언약궤는 20년 동안 '기럇여아림'이라는 곳, 아비나답의 집에 있었다. 역대상 13장에서 다윗은 이 언약궤를 다윗 성으로 옮기려고 시도했다. 이때에도 수레에 실어 옮기다가 웃사가 죽는 사단이 벌어졌다.

셋째, B.C. 6세기에 기록된 다니엘서 1장, 3장, 10장에서 '(수레)바퀴' 환상은 매우 중요한 역할을 한다.

"신이 어느 편으로 가려면 그 생물들이 그대로 가되 돌이키지 아니하고 일제히 앞으로 곧게 행하며 또 생물의 모양은 숯불과 횃불 모양 같은데 그 불이 그 생물 사이에서 오르락 내리락 하며 그 불은 광채가 있고 그 가운데서는 번개가 나며 그 생물의 왕래가 번개 같이 빠르더라……어디든지 신이 가려하면 생물도 신의 가려하는 곳으로 가고 바퀴도 그 곁에서 들리니 이는 생물의 신이 그 바퀴 가운데 있음이라"(겔 1:12-14, 20)
"그룹들이 행할 때에는 사방으로 향한 대로 돌이키지 않고 행하되 돌이키지 않고 그 머리 향한 곳으로 행하며 그 온 몸과 등과 손과 날개와 바퀴 곧 네 그룹의 바퀴의 둘레에 다 눈이 가득하더라 내가 들으니 그 바퀴들을 도는 것이라 칭하며"(겔 10:11~13)

가짜는 아무리 진짜를 빼닮았어도 가짜일 뿐이다. 진짜보다도 더 진짜 같아도, 진짜보다도 더 훌륭해도, 진짜보다도 더 성능이 좋아도 진짜가 아니다. 가짜는 가짜일 뿐이다. 가짜가 진짜가 되는 법은 없다. 가짜에 속는 사람이 아무리 순진하고, 아무리 진지하고, 아무리 정성을 다해도 가짜가 진짜가 되지 않는다. 거짓말에 속고 가짜에 속고 자신의 어리석음에 속은 것일 뿐이다.

모방이 창조의 어머니라는 말이 맞는 경우가 있더라도 가짜 선생을 모방하는 것은 전적으로 어리석은 짓이다. 가짜를, 그리고 가짜 선생을 추종하면서 '진짜'를 가짜에게 맞춰달라고 요구하는 것은 비할 수 없이 어리석은 짓이다. 참혹한 후과를 피할 수 없다.

5) 아미타불 서방정토

석가모니가 아닌 아미타불(阿彌陀佛)

불교신자가 아니더라도 '나무아미타불'(南無阿彌陀佛)은 안다. 산스크리트어 '아미타유스'(Amitayus) 혹은 '아미타브하'(Amitabha)를 한자로 옮기면서 '아미타'(阿彌陀)로 음사한 것이라고 한다. 산스크리트 단어가 있다고 해서 대단히 오래 전부터 사용되었다는 의미는 아니다. 산스크리트어에는 '베다 산스크리트'와 '고전 산스크리트'가 있다. B.C. 4세기 이후 '베다 산스크리트'는 사어(死語)가 되었다. 이때부터 오늘날까지 '고전 산스크리트'가 사용되었다. 지금도 산스크리트어는 인도의 22개 공식언어 가운데 하나이다. 그러므로 산스크리트 단어를 번역한 것이라는 자체가 고대성을 보장해주지 않는다. 불교에서는 '아미타'가 석가모니의 다른 이름에 불과하였을 것이라고 추측하지만 상응하는 빠알리어 단어가 있을지 의심스럽다. 석가모니는 자신을 신앙의 대상으로 삼고 믿으라고 말한 적이 없고, 자신이 구원자라고 말했을 리가 없기 때문이다. 〈무량수경〉〈관무량수경〉〈아미타경〉이 전하는 설화(說話)에 의하면, 석가모니가 아니라 '법장'이라는 비구가 아미타 부처가 된다.

이처럼 다른 존재라면 '나무아미타불'이라는 염불을 읊는 불교는 석가모니의 불교가 아니다. 아미타불 종교가 되는 셈이다. 설혹 아미타불이 다름 아닌 석가모니라고 해도 불교 원리상 심각한 문제들이 생긴다. '아미타불'은 '영원자(永遠者)'라는 뜻이고, 내용적으로는 '영원한 구세주'라는 뜻이기 때문이다. '나무아미타불' 즉, '영원하신 구세주에게 귀의합니다'라고 염불하는 것은 상좌부불교 전통과는 도무지 맞지 않는 사상이다. 귀의라는 것이 무엇인지를 알려면 성경을 보아야 한다.

창세기는 아브라함 이삭 야곱 요셉이라는 족장들의 인격과 삶을 통해 '하나님께 귀의한다'는 것, 나아가서는 '예수 그리스도를 믿는다는 것'이 무엇인지를 보여준다. 여호수아서가 소개하는 여리고 성 라합의 결단, 모압 족속인 며느리 룻이 아무런 소망이 없음에도 시어머니인 나오미를 따라 베들레헴으로 가겠다는 룻의 결단과 행적도 마찬가지로 진정한 '귀의'가 무엇인가를 보여준다. 룻은 나오미를 "붙좇았더라"(룻 1:14)라고 단출하게 말한다. 정말 간명하다. 하지만 바로 뒤에서 이 "붙좇다"의 개념과 내용이 어떤 것인지를 밝힌다.

"룻이 가로되 나로 어머니를 떠나며 어머니를 따르지 말고 돌아가라 강권하지 마옵소서 어머니께서 가시는 곳에 나도 가고 어머니께서 유숙하시는 곳에서 나도 유숙하겠나이다 어머니의 백성이 나의 백성이 되고 어머니의 하나님이 나의 하나님이 되시리니 어머니께서 죽으시는 곳에서 나도 죽어 거기 장사될 것이라 만일 내가 죽는 일 외에 어머니와 떠나면 여호와께서 내게 벌을 내리시고 더 내리시기를 원하나이다"(룻 1:16-17)

룻은 베들레헴에서 '보아스'라는 남자를 만나 재혼한다. 보아스는 여리고 성의 기생 라합이 살몬과 결혼해서 낳은 아들이다. 라합은 목숨을 걸고 정탐꾼 둘을 숨겨주고 "너희 하나님 여호와는 상천 하지에 하나님이시니라 그러므로 청하노니 내가 너희를 선대하였은즉 너희도 내 아버지의 집을 선대하여 나의 부모와 남녀 형제와 무릇 그들에게 있는 모든 자를 살려주어 우리 생명을 죽는데서 건져내기로 이제 여호와로 맹세하고 내게 진실한 표를 내라"라고 간청함으로써(수 2:11-12), 하나님께 '귀의'한다는 것이 무엇인지, 진정 믿는다는 것이 무엇인지를 보여주었다. 룻은 이 라합의 아들과 결혼했다. 룻과 보아스의 증손자가 다윗 왕이다. 다윗은 소년 시절에 심부름을 갔다가 블레셋 족속의 거인 장수가 하나님과 이스라엘을 모욕하는 소리를 듣고 "너는 칼과 창과 단창으로 내게 오거니와 나는 만군의 여호와의 이름 곧 네가 모욕하는 이스라엘 군대의 하나님의 이름으로 네게 가노라"라고 말하며 골리앗과의 싸움을 벌였다(삼상 17:45). 성경 전체가 사람이 하나님을 어떻게 믿어야 하는지 즉, 하나님께 귀의한다는 것이 무엇인지를 그 본질을 보여주는데 열심이다.

고타마 붓다는 '자귀의·법귀의'를 가르쳤지 고타마 싯다르타라는 인물에게 귀의하라고 가르치지 않았다. 이 두 가지는 분명히 다른 것이다. 상좌부 불교가 정리하고 가르친 석가모니의 고집멸도와 팔정도에는, 자기 이외의 인격체에게 의존하여 구원받는다는 관념이 끼어들 틈이 전혀 없기 때문이다. 따라서 원칙적으로 보면, 무량수경, 관무량수경, 아미타경, 이 세 경전을 근간으로 하여 '아미타불'과 극락왕생을 믿는 정토신앙은 석가모니 및 상좌부불교와 인연을 끊은 신흥종교사상이라고 해야 옳다. '아미타불'과 '극락정토'는 오늘날 불교 그 자체인 셈이지만 인도 본토와, 스리랑카를 비롯한 남방불교에서는 '아미타불'을 모른다. 중국과 한국에 유행한 이 아미타불 사상은 "서역" 일대에서, 기독교사상을 흡수하거나 모방하여 만들어진 신흥종교라고 봐야 한다.

'아미타경'은 빠알리어로 된 경전이 없다. 산스크리트어본이 최고본(最古本)이다. 아미타경의 본래 명칭은 '무량수경'과 동일하게 '수카바티뷰하'(Sukhavativyuho)이다. '수카바티뷰하'는 '장엄한 극락정토'라는 뜻이다. 대단히 수상한 이름이다. 한역된 이름 '무량수불'(無量壽佛) 혹은 '무량광불'(無量光佛)은 수상한 번역이다. 무량수(無量壽)'는 '영원히 산다' 혹은 '영생'(永生)이라는 뜻인데, 구약성경 다니엘서 4:34에는 '영생하시는 이'(Him who lives forever)라는 표현을 그대로 한자로 옮긴 셈이다. 아미타불을 '무량광불'(無量光佛)이라고도 하는데, 역시 다니엘서에 상응하는 내용이 있다. '지혜 있는 자는 궁창의 빛과 같이 빛날 것이요……영원토록 비취리라'(12:3)라는 구절이다.

불가에서는 '대무량수경'은 A.D. 1세기 무렵에 성립되고 그 백년쯤 뒤에 '소경'인 '아미타경'이 성립된 것으로 추정한다. 반면에 다니엘서는 B.C. 6세기에 기록된 책이다. 비평가들 가운데 다니엘서는 B.C. 2세기에 기록된 책이라고 주장하는 이들이 있다. 만에 하나 이 늦은 연대가 맞더라도 '무량수경'보다 최소한 3백 년이 빠르다.

구제불과 타력구원의 등장

'아미타불'의 등장 혹은, 석가모니를 아미타불로 이해한다고 하더라도 이것은 불교의 성격이 혁명적으로, 근본적으로 바뀌었다는 의미이다. '나무아미타불'로 시작하고 끝나는 염불의 등장은 근본불교에는 이질적인 개념들 즉, '구원,' '초월적 구원자,' '초월적 인격체에 대한 믿음,' '타력구원' 등을 수용한다는 의미이다. 그리고 이것은 석가모니 및 근본불교와는 철저히 다른 종교가 불교라는 이름으로 등장하였다는 의미이다.

《위키백과》(http://ko.wikipedia.org)에서 '아미타불'로 검색해보면, 법장 비구가 5겁의 수행을 한 뒤에 부처가 되기 위해 세운 48개의 서원(誓願)의 목록을 확인할 수 있다. 다음과 같이 몇 개의 주제로 나눌 수 있다.

[I. 아미타불은 어떤 종류의 불국토를 만들겠다고 서원했는가?]

1. 지옥 아귀 축생 등 삼악도의 불행이 없을 것.

12. 내 광명은 끝이 없어 적어도 백천억 나유타 불국토를 비추게
   될 것.

14. 수없는 성문 수행자들이 헤아릴 수 없이 나올 것.

31. 한없이 밝고 깨끗하여 수없는 부처님 세계를 비추어서 마치
   거울로 얼굴을 비추어 보듯 할 것.

32. 지상이나 허공에 있는 궁전이나 누각, 시냇물, 연못, 화초나
   나무 등 온갖 것이 모두 여러 가지 보석과 향으로 되어 비길 데
   없이 훌륭하며, 거기에서 풍기는 향기는 시방세계에 두루 번
   져 그것을 맡는 이는 모두 거룩한 부처님의 행을 닦게 될 것.

   법장 비구는 '불국토'(佛國土)를 세우겠다고 서원한다. 아미타불
의 불국토는 서방정토, 극락정토, 극락세계, 극락이라고도 한다. 아
미타불의 불국토는 유대교에서는 젖과 꿀이 흐르는 약속의 땅 가나
안, 약속된 메시아가 와서 회복해줄 나라, 기독교의 '천국'에 대한
개념과 매우 유사하다. 성경에 묘사된 기록은 A.D. 65년에서 96년
사이에 기록된 '요한계시록'에서, 그리고 간략한 형태이긴 하지만
이사야 11장에서도 찾아볼 수 있다. 예언자 이사야는 B.C. 8세기에
활동했다. 게다가 서역 혹은 인도 북부에서 서쪽으로 아득히 멀리
떨어진 곳에 예루살렘이 있다. 그러니 팔레스틴에 하나님 나라가 세
워진다고 생각했으면 '서방정토'는 맞는 표현이다.

[2. 아미타불은 자신의 불국토에서 태어나는 이들에게 어떤 혜택을 누리게 할까?]

2. 다시는 삼악도에 떨어질 염려가 없을 것.

3. 다 몸에서 황금빛 광채가 날 것.

4. 훌륭한 몸을 가져 잘나고 못난이가 따로 없을 것.

5. 백천억 나유타[3] 겁 이전의 과거사를 다 알게 될 것.

6. 백천억 나유타 세계를 볼 수 있을 것.

7. 백천억 나유타 부처님들의 설법을 들을 수 있을 것.

8. 백천억 나유타 세계에 있는 중생들의 마음을 알게 될 것.

9. 백천억 나유타 세계를 순식간에 통과할 수 있을 것.

10. 번뇌의 근본되는 아집이 뿌리째 없어질 것.

11. 이 생에서 바로 열반이 결정된 부류에 들어가 필경에 성불할 것.

15. 목숨이 한량없을 것. 다만 중생을 제도하기 위해서는 목숨의 길고 짧음을 마음대로 할 것.

16. 나쁜 일이라고는 이름도 들을 수 없을 것.

21. 반드시 32상의 빛나는 몸매를 갖추게 될 것.

---

3) '나유타'(那由他)는 산스크리트어로 '헤아릴 수 없이 많은'이라는 뜻인데 〈화엄경〉에서 '10의 60승'을 가리키는 단위이다. 〈화엄경〉에서 '나유타'보다 더 큰 수는 '불가사의'(不可思議, 10의 64승)와 '무량대수'(無量大數, 10의 68승)'뿐이다. 나유타의 바로 아래 단위가 '아승기'(10의 56승)이다. '나유타'가 백천억 개라고 하니 이것은 '무한하다'라는 뜻이다. 하지만 성경과 기독교의 '무한하다'는 개념과는 차이가 있다.

23. 부처님의 신통력으로 밥 한 그릇 먹는 동안에 수없는 불국토로 다니면서 여러 부처님께 공양하게 될 것.

24. 부처님께 공양하려 할 때에는 어떠한 공양거리든지 마음대로 얻게 될 것.

27. 쓰는 온갖 물건은 모두 아름답고 화려하여 비교할 수 없는 것들뿐이어서 비록 천안통을 얻은 이라도 그 수효를 알 수 없을 것.

28. 아무리 공덕이 적은 이라도 높이가 4백만 리 되는 보리수의 한량없는 빛을 보게 될 것.

29. 스스로 경을 읽고 외우며 남에게 말하여 듣게 하는 재주와 지혜를 얻을 것.

30. 모두 걸림없는 지혜와 말솜씨를 얻을 것.

38. 옷 입을 생각만 해도 아름다운 옷이 저절로 입혀지고, 바느질한 자국이나 물들인 흔적이나 빨래한 흔적이 없을 것.

39. 생각하는 대로 받는 즐거움이 번뇌가 없어진 비구니와 같아 집착이 일어나지 아니할 것.

먼저 주목할 것은, 아미타불의 불국토에는 들어가는 것이 아니라 '태어난다'고 일일이 표현한 점이다. 불교에서 '다시 태어난다'는 것은 고집멸도의 번뇌를 겪는 생물체로 환생하는 것이지 윤회의 질고를 전혀 겪지 않는 본성을 가지고 다시 태어난다는 개념은 없었다. 하지만 아미타불의 극락정토에서는 번뇌의 뿌리인 아집이 전혀 없고 악을 전혀 모르는 선한 본성과 훌륭한 육신을 갖고 태어난다. 석가모니는 이런 식으로 인간 본성의 개혁을 말한 적이 없다. 이것은 기독교의 중생 및 성화를 완성한 경지와 매우 유사하다. 기독교의 이 개념을 접해보지 않고는 생각해낼 수 없는 것이다.

불국토에서 태어나는 이들은 '목숨이 한(限)이 없을 것'이라고 한다. 이것은 기독교의 '영생'과 같다. 본래 불교의 최종목표인 '열반'은 '적멸'(寂滅)의 상태이고 아미타불의 불국토인 극락정토는 논리적으로는, 열반의 직전 단계이다. 하지만 극락정토에서 한(無限) 없이 살아도 된다면, 열반에는 굳이 갈 필요 없다는 뜻에서 '열반'과 석가모니의 가르침에 대한 부정이다. 게다가 극락정토의 갖가지 좋은 것들 때문에 열반에 들기를 늦추거나 포기한다면 욕심을 끊지 않은 것이다. 이 역시 모순이다.

[3. 아미타불의 불국토에 태어날 수 있는 조건]
18. 내 이름을 열 번만 불러도 반드시 왕생하게 될 것.

아미타불'의 이름을 열 번만 부르면 아미타불의 불국토에서 태어난다고 서원한 18번째 원은 극히 중요한 부분이다. 아미타불의 불국토는 열반은 아니지만 윤회에서 벗어난 곳이고 이곳에 태어나는 자는 반드시 열반에 들게 되는 특권을 누리게 되는 곳인데, 이 불국토에 태어날 조건은 아미타불의 이름을 부르는 것이다. 여기에서 신의 이름을 부른다는 것은 단지 신통력 있는 주문을 외운다는 것이 아니다. 구원의 권능을 가진 신이 자신을 믿고 자신의 이름을 부르는 이에게 응답하겠다는 약속을 전제한다. 이런 식의 구원관이 깊고 오묘하게 새겨지고 예증된 경전, 그리고 신학을 가진 종교는 유대교와 기독교 밖에 없다. B.C. 11세기에 솔로몬은 성전 낙성식에서 "저희가 주의 광대한 이름과 주의 능한 손과 주의 펴신 팔의 소문을 듣고 와서 이 전을 향하여 기도하거든 주는 계신 곳 하늘에서 들으시고 무릇 이방인이 주께 부르짖는 대로 이루사 땅의 만민으로 주의 이름을 알고 주의 백성 이스라엘처럼 경외하게 하옵시며 또 내가 건축한 이 전을 주의 이름으로 일컫는 줄을 알게 하옵소서"라고 기도했다(왕상 8:42-43).

베드로와 바울은 "누구든지 주의 이름을 부르는 자는 구원을 얻으리라"라고 선언했다(행 2:21, 롬 10:13). 사도행전 2장은 베드로가 이 말을 선지자 요엘의 책에서 인용한 것임을 밝힌다. 다윗도 시편에서 "하나님이여 주의 이름으로 나를 구원하시고 주의 힘으로 나를 판단하소서"라고 노래한다(54:1, 79:9). 역대하 14:11에도 "우리 하나님 여호와여 우리를 도우소서 우리가 주를 의지하오며 주의 이름을 의탁하옵고 이 많은 무리를 치러 왔나이다 여호와여 주는 우리 하나님이시오니 원컨대 사람으로 주를 이기지 못하게 하옵소서"라는 아사 왕의 기도가 있다(대하 14:11).

여호와 하나님 혹은 예수 그리스도의 이름이 '초월적 권능'과 결부되고 구원의 능력이 발휘되는 것은 하나님의 이름을 부르는 자의 행위에 신통력이 있어서가 아니라 하나님의 약속 즉, 내게 부르짖으면 내가 듣겠다는 명시적인 약속을 하나님이 친히 주셨기 때문이다.

"내게 토단을 쌓고 그 위에 너의 양과 소로 너의 번제와 화목제를 드리라 내가 무릇 내 이름을 기념하게 하는 곳에서 네게 강림하여 복을 주리라"(출 20:24)

"너희는 내게 부르짖으며 와서 내게 기도하면 내가 너희를 들을 것이요"(렘 29:12)

내 이름을 부르면 내가 달려가서 구원해주겠다는 약속과 성취라는 성경의 맥락과 기독교 사상체계를 불교에서 법장 비구와 48원이라는 설화를 통해 불교 안으로 끌어들인 것이라고 보지 않을 수 없다.

[4. 아미타불의 이름이 갖는 권능]

34. 내 이름을 듣기만 하여도 보살의 무생법인과 깊은 지혜를 얻게 될 것.

35. 내 이름을 듣고 기뻐하여 보리심을 내는 이가 만약 여인의 몸을 싫어하면 죽은 후에는 다시는 여인의 몸으로 받지 않을 것.

36. 내 이름을 듣기만 하여도 죽은 뒤 항상 청정한 행을 닦아 반드시 성불하게 될 것.

37. 내 이름을 듣고 공양하고 귀의하여 즐거운 마음으로 보살행을 닦으면 모든 천인과 인간의 공경을 받게 될 것.

41. 내 이름을 들은 이는 성불할 때까지 육근이 원만하여 불구자가 되지 않을 것.

42. 내 이름을 들은 이는 모두 깨끗한 해탈삼매를 얻게 되고, 이

삼매를 얻은 이는 잠깐 사이에 한량없는 부처님께 공양하면서
도 삼매를 잃지 않을 것.

43. 내 이름을 들은 이는 죽은 뒤에 부귀한 가정에 태어날 것.

44. 내 이름을 들은 이는 즐거운 마음으로 보살행을 닦아 선근 공
덕을 갖추게 될 것.

45. 내 이름을 들은 이는 한량없는 부처님을 한꺼번에 뵈올 수 있
는 평등한 삼매를 얻어 성불할 때까지 항상 수없는 부처님을
만나게 될 것.

47. 내 이름을 들은 이는 곧 물러나지 않는 자리에 들어갈 것 .

48. 첫째로 설법을 듣고 깨달을 것, 둘째로 진리에 수순하여 깨달
을 것, 셋째로 나지도 않고 죽지도 않는 도리를 깨달아 부처님
의 가르침에서 물러나지 않을 것.

바로 위에 열거한 11개의 원(願)은 전능한 창조주, 구속주의 이
름과 결부된 약속과 권능을 전제한다. 하나님의 주권, 그 이름의 위
대성과 관련된 능력을 상기시켜주는 것들이다. 전능자가 아니고서
는 이런 능력을 일으키지 못한다. 애초에 이런 구원론이 갖춰져 있
지 않은 불교가 법장 비구를 내세워 아미타불 신앙을 성립시킨 것은
'전능한 구원자 신앙'을 가진 종교와 경쟁하는 상황 탓이 아닌지 의
심하게 만든다. 불경에서는 법장 비구가 서원에 의해 아미타불이 되
었다는 설명만 한다. 왜 그렇게 될 수 있는지에 관한 근거와 설명체
계를 제시하지 않는다. 아미타불의 이름을 열 번 부르는 것이 왜 독

특한 초자연적 능력을 발휘해서 윤회를 벗어나게 만들어줄 수 있는
지에 대한 합당한 해명이 없다. 절실한 서원이 수행자를 부처로 만
들어줄 수 있다면 수행과 깨달음에 매달릴 필요가 없다는 말인데도
왜 이것이 불교인지를 설명하지 않는다.

　아미타불과 극락정토에 관한 불경의 가르침은 석가모니와 근본
불교의 핵심 가르침과 모순을 일으킨다. 불교는 진리는 탐·진·치
에 물든 인생의 안목으로는 제대로 볼 수 없어서 모순처럼 느껴지는
것일 뿐이라고 둘러댄다. 하지만 애매모호한 것과 신비로운 것은 다
르다. 틀린 것과 맞는 것은 다르다. 애매한 것을 신비로운 것이라고
해서도 안 되고, 틀린 것을 맞는다고 해서도 안 된다.

　이런 식으로든 저런 식으로든 내 마음대로 믿겠다든지, 임의로
취사선택하겠다고 하든지, 혹은 믿을지 말지를 자신이 선택하겠다
는 것은, 사람을 전지전능한 존재로 간주하는 셈이다. 사람은 자연
의 한계에 속박되어 있다. 속박한 권세는 속박된 자의 권세보다 크
다. 자기 몸에 생긴 질고를 자기 마음대로 못하는 인생이 자기 마음
대로 종교를 주물럭거리려도 된다는 발상은 정말이지 기괴한 생각이
다. 아미타불이든 예수든 '전능자가 존재한다'고 믿으면 된다는 사
고방식, 이 교회든 저 교회든 교회만 다니면 된다는 사고방식은 올
바르지 않다.

　길은 무수히 많고 어느 길을 택하든 최종 목적지에 도달하게 되
어 있다는 말은 하지 말라. 여러 갈래 길이 어디로 인도할지는 길을

만든 자만이 알 뿐이다. 영원에 이르는 길은 영원한 전능자의 말을 들어야한다. 근거 없는 헛소리를 붙들고 자기최면을 걸지 말라. 하나님으로부터 오는 참 진리를 구해야 한다. 참 진리를 제대로 알고자 몸부림쳐야 한다. 진리의 결실을 맺어가는 삶을 잠시도 쉬지 말아야 한다.

6) 약사여래

사찰 건축의 중심을 차지하는 '대웅전'(大雄殿)'이라는 건물(佛堂) 안에는 대개 불상이 셋이있다. 중앙에 있는 불상을 법신불(法身佛), 왼쪽에 있는 불상을 화신불(化身佛) 혹은 응신불(應身佛), 오른쪽에 있는 불상을 보신불(報身佛)이라고 한다. 불당 안에 놓은 불상 셋을 삼존불(三尊佛)이라고도 하는데, 불교의 일반적인 해명은 석가모니 이전에도 부처가 있었고 석가모니가 열반한 뒤에도 계속 존재하고 중생을 제도하기 위해 여러 모습으로 나타난다는 것을 의미하기 위해서라고 한다. 그렇더라도 꼭 불상을 놓아야 할까? 하나만 놓으면 안 될까? 셋을 놓았으면 다신교인가?

불경을 연구해서 이런 질문에 답하는 것을 불교에서는 교학(敎學)이라고 하고 기독교에서는 신학이라고 한다. 대웅전에 불상 셋을 놓고 삼신불(三神佛)이라고 하지 않고 삼신불(三身佛)이라고 하고, 세 개의 개별적인 몸으로 나타난 부처가 본래 하나라는 설명은 법화경(法華經)을 근간으로 하는 것이다. 초기 불경 〈수타니파타〉에서 '무

소의 뿔처럼 혼자서 가라'고 한 것처럼 불가의 수행은 각자가 가는 길이고 깨닫는 사람은 당연히 여럿이니 부처가 여럿이 되어도 이상한 일이 아니다. 그럼에도 불구하고 굳이 불상을 만들어 예배하면서, '셋이로되 하나요 하나로되 셋이다'라고 말하는 것은 예사로운 것이 아니다. 정말이지, 법화경의 설명은 기독교의 삼위일체 신론을 가볍게 수용한 것과 다를 것이 없다.

법신불은 자연인의 눈에 보이지 않으며 영원한 진리 그 자체인 부처이다. 진리불(眞理佛)이라고도 한다. 수행(修行)에 의해 부처가 된 것이 아니고 본래부터 부처였기에 이불(理佛)이라고도 한다. 기독교에서 하나님의 본체, 혹은 삼위일체론에서 성부론과 뭔가 통하는듯한 설명이다. 응신불(화신불)은 중생을 구제하기 위해 유한한 세계에 유한한 존재인 사람으로 태어난 석가모니 부처이다. 석가모니는 영원 전에 이미 성불하였는데 일시적으로 사람이 되었다는 것이다. 그래서 '구원(久遠)의 법신불'이라고도 한다. 영원성과 유한성, 신성과 인성의 결합체인, 하나님의 아들 예수 그리스도에 관한 교리와 성육신에 대한 설명과 흡사하다.

'법신'(法身)이라는 한자는 애매한 구석이 있는데 법 즉, '영원한 진리'의 육화(肉化)를 의미할 수도 있고, 혹은 보이지 않는 하나님이 유한하고 가시적인 사람과 하나가 되는 것을 나타낼 수도 있는 말이다. 그렇다면 신약성경에만 국한해서, 영원한 말씀이신 하나님이 사람으로 오신 예수 그리스도를 가리킨다고만 볼 필요가 없다. 구약성경에는 '법신'에 해당하는 사례가 널려 있다. 하나님의 영과 말씀이 충만한 사사(士師)들과 선지자들 등도 법신의 개념에 해당한다. 하나님이 모세를 사명자로 부를 때 보여준 떨기나무에 불이 붙었으나 나무가 타지 않는 장면, 모세가 하나님의 말씀대로 해서 이적을 일으킨 모든 장면도 마찬가지로 아시아의 이방문화에서 '법신'의 개념으로 이해하였을 수도 있다.

구약성경은 말씀하시는 하나님과 순종하는 백성의 하나 됨을 가르치고, 신약성경은 영원한 말씀이신 예수 그리스도와 믿음으로 순종하는 성도의 하나 됨을 가르친다. 그리스도로 말미암아 하나님과 하나가 되는 '신비적 연합'이 곧 구원이라고도 할 수 있다. 이 하나 됨을 법신이라는 단어로 표현했다고 볼 수도 있다.

유한하며 죄로 물든 인간의 죄를 씻어주고 말씀을 알아듣게 해주고 말씀을 믿고 따를 수 있도록 해주는 말씀의 영, 진리의 영이 성령 하나님이다. 구약에도 '여호와 하나님'이라는 호칭 이외에도 "내가 또 내 신을 너희 속에 두어"(겔 37:14)라든가 "내가 내 신을 이스라엘 족속에게 쏟았음이니라"(겔 39:29)라는 표현이 있고 '여호와의 사자'라는 언급이 있다. 성경에서 '여호와의 영' 즉, 성령 하나님을 유심히 보고 불교의 삼신불 사상으로 옮겨 '보신불'로 정리했다고 볼 수도 있다.

불교에서는 아미타불, 약사여래불, 미륵불, 이 세 부처를 보신불이라고 한다. 보신불은 하나같이 수행의 결과로 부처가 되었는데, 깨닫지 못한 중생을 측은히 여기고 자비를 베풀고자 하는 마음이 몹시 컸다. 이 염원에 대한 응답으로 부처가 된 존재들이다. 아미타불이 48원을 세우고 부처가 된 것처럼, 약사여래불은 중생의 질병을 치료해주는 것을 중심으로 한 12대원(十二大願)을 세우고 부처가 된다.

약사여래본원경(藥師如來本願經)

이 경전의 정식명칭은 〈약사유리광여래본원공덕경〉(藥師瑠璃光如來本願功德經)이다. 간단히 줄여서 〈약사여래본원경〉 혹은 〈약사경〉이라고 한다. 약사경은 산스크리트어본이 존재하고 A.D. 5세기의 한역본을 시작으로 A.D. 8세기까지 네 차례 한역되었다. 〈약사경〉의 내용에 아미타불(무량수불)의 서방 극락세계에 대한 언급이 포함되어 있는 것으로 보아 〈법화경〉, 〈무량수경(아미타경)〉보다는 후대의 경전으로 여겨진다.

약사여래 12대원

인터넷 《위키백과》의 '약사여래' 항목에 약사여래의 12대원이 잘 정리되어 있다. 〈약사경〉에도 약사여래가 문수보살에게 서약하는 식으로 말을 꺼내며 비슷하게 열거되어 있으나 《위키백과》에 정리된 것을 그대로 인용하겠다. 그리고 각각의 내용에 대응하는 성경구절을 두어 개 정도만 소개해보겠다. 그러나 독자들은 두 가지 점을 염두에 두어야 한다. 첫째는, 약사여래의 12서원은 석가모니가 말한 적이 없고 약사경에 일목요연하게 정리된 반면에 성경은 비슷한 내용이 전반적으로 흩어져 있다는 점이다. 둘째, 약사여래는 맹세를 했지만 성경의 하나님은 주로 실천했고 성도들은 그것에 대해 감사하고 찬양한다. 과연 어느 쪽이 원본인가?

1. 내가 다음 세상에 보리를 증득할 때, 내 몸의 광명이 끝없이 넓은 세계를 비추고 또한 32상과 80종호로써 몸을 장엄하되, 모든 중생으로 하여금 나와 똑같아 조금도 다름이 없게 한다.

마태복음 17장에는 예수의 모습이 "저희 앞에서 변형되사 그 얼굴이 해 같이 빛나며 옷이 빛과 같이 희어졌더라"라는 말씀이 있다 (17:2). 그리고 부활의 현장에 출현한 천사의 모습도 "그 형상이 번개 같고 그 옷은 눈 같이 희거늘"이라고 했다(마 28:3). 예수의 이 모습은 구약성경 다니엘서 7장의 "내가 보았는데 왕좌가 놓이고 옛적부터 항상 계신 이가 좌정하셨는데 그 옷은 희기가 눈 같고 그 머리털은 깨끗한 양의 털 같고 그 보좌는 불꽃이요 그 바퀴는 붙는 불이며"라는 환상에 대한 대응이다. 주님의 모습에서 그치는 것이 아니다. 바울은 "어두운데서 빛이 비춰리라 하시던 그 하나님께서 예수 그리스도의 얼굴에 있는 하나님의 영광을 아는 빛을 우리 마음에 비춰셨느니라"라고 선언했고(고후 4:6), "이제는 주 안에서 빛이라 빛의 자녀들처럼 행하라"라고 명령했고(엡 5:8), "우리가 다……저와 같은 형상으로 화하여 영광으로 영광에"이를 것이라고 약속했다 (고후 3:18). 그리고 우리를 이렇게 변화시키는 것은 "주의 영"이라는 말을 덧붙였다.

2. 내가 다음 세상에 보리를 증득할 때, 유리와 같은 몸은 안팎이

투명하고 광대한 광명은 모든 세계에 가득 차며, 장엄하고 빛나는 그물(網)은 해와 달보다도 더 찬란하여 저 철위산(鐵圍山)속의 깜깜한 데까지도 서로 볼 수 있어서 이 세계의 어두운 밤에도 나가 노닐 수 있고, 또한 모든 중생이 나의 광명을 보고는 모두 마음이 열려 온갖 일을 마음대로 할 수 있게 한다.

> "대저 생명의 원천이 주께 있사오니 주의 광명 중에 우리가 광명을 보리이다"(시 36:9)
> "여호와는 나의 빛이요 나의 구원이시니 내가 누구를 두려워하리요 여호와는 내 생명의 능력이시니 내가 누구를 무서워하리요"(시 27:1)
> "그 때에 소경의 눈이 밝을 것이며 귀머거리의 귀가 열릴 것이며"(사 35:5)
> "그 영광의 풍성을 따라 그의 성령으로 말미암아 너희 속 사람을 능력으로 강건하게 하옵시며"(엡 3:16)

3. 내가 다음 세상에 보리를 증득할 때, 한량없고 끝없는 지혜와 방편으로써, 모든 중생으로 하여금 소용되는 물건을 모자람 없이 얻을 수 있게 한다.

> "그러므로 내가 네게 지혜와 지식을 주고 부와 재물과 존영도 주리니 너의 전의 왕들이 이 같음이 없었거니와 너의 후에도 이 같음이 없으리라"(대하 1:12)

"너희 성도들아 여호와를 경외하라 저를 경외하는 자에게는 부족함이 없도다 젊은 사자는 궁핍하여 주릴지라도 여호와를 찾는 자는 모든 좋은 것에 부족함이 없으리로다"(시 34:9-10)

4. 내가 다음 세상에 보리를 증득할 때, 그릇된 길을 행하는 모든 중생에게는 바른 보리의 길을 가도록 하고, 만약 성문이나 독각의 교법을 행하는 이에게는 대승법 가운데 안주케 한다.

"그러하나 진리의 성령이 오시면 그가 너희를 모든 진리 가운데로 인도하시리니 그가 자의로 말하지 않고 오직 듣는 것을 말하시며 장래 일을 너희에게 알리시리라"(요 16:13)
"이에 저희가 그 근심 중에 여호와께 부르짖으매 그 고통에서 건지시고 또 바른 길로 인도하사 거할 성에 이르게 하셨도다"(시 107:6-7)

5. 내가 다음 세상에 보리를 증득할 때, 모든 중생이 나의 가르침 가운데서 청정하게 수행하여 아예 파계(破戒)하지 않게 하고, 삼업(三業)을 잘 다스려서 악도에 떨어질 어긋난 자가 없게 하며, 설사 파계를 하였을지라도, 나의 이름을 듣고서 한결같은 정성으로 받아 지니고 진실한 마음으로 잘못을 참회한다면, 바로 청정하게 되어 마침내 보리를 증득하게 한다.

"하물며 영원하신 성령으로 말미암아 흠 없는 자기를 하나님께 드린 그

리스도의 피가 어찌 너희 양심으로 죽은 행실에서 깨끗하게 하고 살아
계신 하나님을 섬기게 못하겠느뇨"(히 9:14)

"너희 속에 착한 일을 시작하신 이가 그리스도 예수의 날까지 이루실 줄
을 우리가 확신하노라"(빌 1:6)

6. 내가 다음 세상에 보리를 증득할 때, 만약 많은 중생이 갖가지
불구가 되어 추악하고, 어리석고 눈멀고 말 못하거나, 또는 앉은뱅
이 · 곱사등이 · 문둥이 · 미치광이 같은 갖은 병고에 시달리다가도,
나의 이름을 듣고 진실한 마음으로 부르고 생각한다면, 누구나 단정
한 몸을 얻고 모든 병이 소멸되게 한다.

"가라사대 너희가 너희 하나님 나 여호와의 말을 청종하고 나의 보기에
의를 행하며 내 계명에 귀를 기울이며 내 모든 규례를 지키면 내가 애굽
사람에게 내린 모든 질병의 하나도 너희에게 내리지 아니하리니 나는
너희를 치료하는 여호와임이니라"(출 15:26)

"소경과 저는 자들이 성전에서 예수께 나아오매 고쳐주시니"(마 21:14)

7. 내가 다음 세상에 보리를 증득할 때, 만약 모든 중생이 가난하
고 곤궁하여 의지할 데가 없고 온갖 병고에 시달려도 의약과 의사가
없다가도, 잠시라도 나의 이름을 듣는다면 온갖 질병이 소멸하고 권
속이 번성하며 모든 재물이 흡족하여 몸과 마음이 안락하고 마침내
보리를 성취하게 된다.

"내가 환난에서 여호와께 아뢰며 나의 하나님께 부르짖었더니 저가 그 전에서 내 소리를 들으심이여 그 앞에서 나의 부르짖음이 그 귀에 들렸도다"(시 18:6)

"여호와께서 그 성전에 계시니 여호와의 보좌는 하늘에 있음이여 그 눈이 인생을 통촉하시고 그 안목이 저희를 감찰하시도다"(시 11:4)

8. 다음 세상에 내가 보리를 증득할 때, 만약 여인(女人)이 됨으로써 여러 가지 괴로움에 부대껴 몹시 싫증을 느끼고 여인 몸 버리기를 원한 이가, 나의 이름을 듣고 진실한 마음으로 부르고 생각한다면, 바로 지금의 몸을 바꾸어 장부의 상호를 갖춘 남자가 되고, 마침내 보리를 성취하게 된다.

"그러나 주 안에는 남자 없이 여자만 있지 않고 여자 없이 남자만 있지 아니하니라"(고전 11:11)

"여자가 남자에게서 난 것같이 남자도 여자로 말미암아 났으나 모든 것이 하나님에게서 났느니라"(고전 11:12)

9. 내가 다음 세상에 보리를 증득할 때, 모든 중생으로 하여금 마군이의 그물을 벗어나게 하고, 또한 갖가지 그릇된 견해의 무리들을 모두 포섭하여 바른 소견을 내게 하고, 점차로 모든 보살행을 닦아 익히도록 하여, 마침내 보리를 성취하게 된다.

"그러나 이 모든 일에 우리를 사랑하시는 이로 말미암아 우리가 넉넉히 이기느니라 내가 확신하노니 사망이나……능력이나……다른 아무 피조물이라도 우리를 우리 주 그리스도 예수 안에 있는 하나님의 사랑에서 끊을 수 없으리라"(롬 8:37-39)

"땅의 모든 족속이 너와 네 자손을 인하여 복을 얻으리라"(창 28:14)

10. 내가 다음 세상에 보리를 증득할 때, 만약 중생들이 국법에 저촉되어 감옥에 구금되고 목에 씌우는 칼과 사슬에 얽매어 매질이나 사형을 당하게 되고, 또는 온갖 괴로운 일로 고뇌에 시달려 잠시도 편안할 겨를이 없다가도, 나의 이름을 듣는다면 나의 복덕과 위신력을 입어 일체근심과 괴로움을 모두 해탈하고, 마침내 보리를 성취하게 된다.

"오직 여호와를 앙망하는 자는 새 힘을 얻으리니 독수리의 날개치며 올라감 같을 것이요 달음박질하여도 곤비치 아니하겠고 걸어가도 피곤치 아니하리로다"(사 40:31)

"나는 주의 힘을 노래하며 아침에 주의 인자하심을 높이 부르오리니 주는 나의 산성이시며 나의 환난 날에 피난처심이니이다 나의 힘이시여 내가 주께 찬송하오리니 하나님은 나의 산성이시며 나를 긍휼히 여기시는 하나님이심이니이다"(시 59:16-17)

"이것을 너희에게 이름은 너희로 내 안에서 평안을 누리게 하려 함이라 세상에서는 너희가 환난을 당하나 담대하라 내가 세상을 이기었노라 하

시니라"(요 16:33)

"내가 너희를 향하여 하는 말이 담대한 것도 많고 너희를 위하여 자랑하
는 것도 많으니 내가 우리의 모든 환난 가운데서도 위로가 가득하고 기
쁨이 넘치는도다"(고후 7:4)

11. 내가 다음 세상에 보리를 증득할 때, 만약 모든 중생이 굶주
림에 시달려 먹을 것을 구하기 위하여 갖은 악업을 짓다가도, 나의
이름을 듣고 진실한 마음으로 부르고 생각한다면, 내가 마땅히 먼저
좋은 음식을 주어 마음껏 배부르게 하고, 다음에는 바로 법(法, 진리)
을 주어 안락하게 하며, 마침내 보리를 성취하게 한다.

"저희에게 만나를 비같이 내려 먹이시며 하늘 양식으로 주셨나니"(시
78:24)

"여호와가 우리 하나님이신 줄 너희는 알지어다 그는 우리를 지으신
자시요 우리는 그의 것이니 그의 백성이요 그의 기르시는 양이로다"
(시 100:3)

"하나님이 처음부터 너희를 택하사 성령의 거룩하게 하심과 진리를 믿
음으로 구원을 얻게 하심이니"(살후 2:13)

"은혜와 긍휼과 평강이 하나님 아버지와 아버지의 아들 예수 그리스도
께로부터 진리와 사랑 가운데서 우리와 함께 있으리라"(요이 1:3)

12. 내가 다음 세상에 보리를 증득할 때, 만약 많은 중생들이 몸

에 걸칠 의복이 없어 모기 등의 곤충과 추위와 더위에 몹시 시달리게 되었다가도, 나의 이름을 듣고 진실한 마음으로 부르고 생각한다면, 바로 그들이 바라는 대로 온갖 좋은 의복을 얻고 보배로운 장식품과 풍악과 향화가 모두 풍족하게 되어 일체 괴로움을 여의고, 마침내 보리를 성취하게 된다.

"주께서 사십년 동안 너희를 인도하여 광야를 통행케 하셨거니와 너희 몸의 옷이 낡지 아니하였고 너희 발의 신이 해어지지 아니하였으며"(신 29:5) "아무 것도 염려하지 말고 오직 모든 일에 기도와 간구로, 너희 구할 것을 감사함으로 하나님께 아뢰라"(빌 4:6)

하나님의 이름을 부르며 의탁하는 인생들과의 관계에서 성경이 일관되게 묘사하고 증거하는 하나님의 모습은 '자기 백성을 부르시고 질고를 치료해주시는 하나님,' '먹이시고 입히시고 기르시는 목자'라는 것이다. 야곱은 이집트에서 죽기 직전에 요셉을 위해 축복하면서, "내 조부 아브라함과 아버지 이삭의 섬기던 하나님, 나의 남으로부터 지금까지 나를 기르신 하나님"이라고 찬양했다(창 48:15). 다윗 왕은 하나님의 신실하심을 신뢰하며 다음과 같이 노래했다.

"주는 나의 반석과 산성이시니 그러므로 주의 이름을 인하여 나를 인도하시고 지도하소서 저희가 나를 위하여 비밀히 친 그물에서 빼어 내소서 주는 나의 산성이시니이다 내가 나의 영을 주의 손에 부탁하나이다 진리의 하나님 여호와여 나를 구속하셨나이다"(시 31:3-5).

다윗으로부터 적어도 3백년 뒤에 활동한 예언자 이사야는 "그는 목자 같이 양무리를 먹이시며 어린 양을 그 팔로 모아 품에 안으시며 젖먹이는 암컷들을 온순히 인도하시리로다"라고 확신에 차서 찬양했다(사 40:11). B.C. 15세기에 출애굽사건과 40년의 광야여정, 출애굽 사건이 일어나기 4백 년 전에 족장 아브라함의 일생은 소위 '약사여래'가 이상으로 꿈꾸고 서원한 것들의 원형임에 틀림없다. 여기에서 '약사여래'의 근본적인 문제가 있다. 약사여래와 12대원이라는 관념은 석가모니의 가르침과 원리에서는 나올 수 없고, 근본불교에 충실한 불교도라면 추구할 수 없는 것들이다. 근본불교가 약화된 뒤에, 설화(說話)의 형태를 빌려 도입한 것이다. 설화(說話) 혹은 신화(神話)를 만들어놓고 그 속에 등장하는 캐릭터를 진짜 신(神)으로 예배를 드리는 것이다.

부흥하고 싶은 교회들, 문제를 겪는 교회들은 대체로 울부짖듯 기도한다. 상가교회 주변의 빌라 주민들이 계속해서 민원을 넣더라도 밤늦게까지, 금요일에는 새벽 한 시가 넘도록 아주 시끄럽게 울부짖는다. 민족의 문제, 고통 받는 소외계층의 문제, 진리와 하나님의 뜻에 관한 문제는 기도제목에 아예 없거나 양념처럼 지극히 작은 부분이고, 거의 대부분 자신들의 문제에 매달려 되풀이해서 기도한다. 기도빨이 좋다고 소문나면 신자들이 몰려든다.

사람의 삶이 팍팍하고 고달프기 때문이라고 생각하기 전에, 땅에 속한 인생의 속성에 여전히 휘둘리고 있다는 사실을 깨달아야 한다. 먹고 마시고 입는 것보다는 먼저 하나님의 나라와 의를 구하라는 뜻을 명심해야 한다. 내 손에 쥔 보물, 심지어 하나님이 주신 축복의 물질들이 내 운명을 보장해주지 않기 때문이다. 땅에 속한 그 어떤 것도 내 생명을 보장해주지 않는다. 그러므로 인생은 먼저 참된 종교와 참된 구세주를 찾아야 한다. 찾았다면 허튼짓을 하지 말아야 한다. 하나님과 구세주가 원하는 그것을 정확하게 해야 한다.

7) 미륵과 미륵신앙

우리나라 국보 78호와 83호는 '금동미륵반가사유상'이다. 미술사학자들이 극찬을 아끼지 않는 아름다운 이 불상들은 어디에서 어떤 경로로 만들어졌는지는 모른다. 하지만 학자들은 국보 78호는 A.D. 6세기 후반에, 국보 83호는 7세기 전반에 제작된 것으로 판단한다. 더욱 놀라운 것은 국보 83호는 일본의 국보 1호인 목조(木造) 반가사유상의 원형으로 추정된다는 점이다. 일본의 국보 1호는 7세기 초반에, 백두대간에서 벌목한 적송(赤松)으로 제작되어 일본으로 건너갔다는 것이 일본학자들 다수의 의견이라고 한다. 학자들은 이외에도 출토된 다른 유물들을 통해 6세기에는 신라와 백제에 미륵신앙이 상당히 성행한 것으로 본다. 특히, 신라 화랑은 보살의 화신으로 여겼고, 전투 중에 죽으면 미륵보살이 있는 곳으로 간다고 믿었다. 7세기 삼국통일 이후에는 미륵신앙이 아미타여래신앙이나 약사여래신앙에 밀린 것으로 본다.

미륵(彌勒)

'미륵'은 현재는 '도솔천'이라는 하늘에서 살며(상생, 上生)설법을 하는 보살이지만 56억 7천만 년 뒤에, 환생(하생, 下生)한 뒤에 부처가 될 것이다. 부처가 된 뒤에는 석가모니 붓다가 구제하지 못한 나머지 중생들을 제도하기로 되어 있는, 따라서 아직은 부처가 되지 않아서 대개는 '미륵보살'이라고도 한다.

불교는 윤회를 가르치기 때문에 실제 시간관념과는 상관없이 반드시, 논리적으로, 시간을 과거세(전생), 현재세(현생), 미래세(내생)으로 나누게 된다. 이때 석가모니는 현재세에 출현하였으므로, 과거세에도 부처가 출현하였을 것이라고 가정하지 않을 수 없다. 그리고 우주의 시간은 대겁에 걸쳐 생성-유지-소멸-공백의 기간을 반복하니 과거세도 여러 번 반복될 것으로 가정할 수밖에 없다. 그래서 석가모니가 죽은 뒤에, 부파불교 시대에 '과거 7불'론이 나왔다.

그 다음 단계로 미래세의 붓다를 가정(假定)하지 않을 수 없고, 윤회의 논리상 현세에서 높은 수준의 수행을 닦고 있어야 한다. 이런 까닭에 요청되는 "미륵"과 미륵신앙이지만 그 내용이 매우 특이하다. 수행정진과는 상관없이 구원을 값없이 선물로 주는 개념에 다가가는 느낌이다.

석가모니와는 다른 존재에 '보살'이라는 호칭을 붙인 것을 보면, 대승불교 전통에서 만들어진 '설화'로 보인다. 미륵신앙의 근거로 삼는 경전은 모두 6권인데 구마라습이 5세기 초에 번역한 〈미륵하생성불경〉〈미륵래시경〉〈미륵하생경〉 세 권과, 당나라 때 '의정'이 번역한 〈미륵대성불경〉〈미륵상생경〉〈미륵하생성불경〉 세 권이다. '미륵삼부경'이라고 말할 때는 구마라습의 〈미륵하생성불경〉과 〈미륵하생경〉 그리고 〈미륵상생경〉을 가리킨다.

〈하생경〉과 〈성불경〉은 A.D. 3세기에 성립되고, 〈상생경〉은 〈하생경〉을 참조하여 서역의 투르판이나 중국에서 만들어낸 것으로 보기도 한다. 혹은 더 늦게, 〈성불경〉이 3세기 후반에, 〈하생경〉은 4세기 말에, 〈상생경〉은 더 늦게 만들어진 것으로 보는 불교학자도 있다. 그렇다면 '미륵신앙'의 단초는 빨라야 A.D. 1세기에서 2세기에 출현했다고 보는 것이 합리적이다. 〈상생경〉만이 아니라 미륵계통의 경전들은 원본이 없다는 문제가 있다. 그래서 미륵 경전들과 미륵신앙은 인도가 아니라 서역에서 발생한 것으로 보는 것이 타당하다.

미륵신앙

미륵은 현재는 도솔천에서 설법하는 '보살'이고, 앞으로 56억 7천만 년 뒤에 환생한 뒤에 부처가 될 것이기 때문에 미륵신앙은 '상생신앙'(上生信仰)과 '하생신앙'(下生信仰)으로 구분된다. 상생신앙은 미륵 보살이 있는 도솔천에 태어나기를 갈구하는 신앙이다. '하생신앙'은 미륵이 56억 7천만 년 뒤에 환생하여 부처가 된 뒤에 세 차례 설법을 통해 272억 명을 구제하는데, 이때 미륵 부처에 의해 구제받기를 원해 지금 열 가지 선한 업을 닦는 신앙이다. 미륵은 석가모니가 구원하지 못한 나머지 인류를 구원하여 '용화세계'를 만든다고 한다.

말법사상

미륵의 존재와 미륵이 성불하여 만든다는 '용화세계'는 특이한 논리구조를 갖고 있다. '미륵'을 불교의 여러 보살 가운데 하나로, '용화세계'를 많은 불국정토 가운데 하나로 이해할 수 있지만 특이한 점이 있다. '종말론적' 담론을 배경으로 한다. 따라서 미륵과 미륵신앙의 기원이 특이하지 않을까 생각하지 않을 수 없다.

불교의 우주론은 보통 〈기세경〉(起世經), 용수의 '지도론,' 세친의 '구사론'에서 언급한 성겁·주겁·괴겁·공겁의 80겁에 걸친 생성-유지-소멸을 반복한다는 것이다. 인생은 그 사이에서 윤회를 반복한다. 그렇다면 '세상의 종말'이라는 개념은 끼어들 여지가 없고 의미도 없다. 무상(無常)한 흐름에 자신을 맡기고 열심히 수행하여 해탈하면 그뿐이다. 이번 생에서 실패해도 문제가 안 된다. 삼세번이다. 천국도 지옥도 의미가 없다. 우주에 존재하는 것은 어떤 것이든 그 상태로 영원히 머물지 않기 때문이다. 천신(天神)이 되어도 의미가 없다. 우주 전체가 생멸을 반복한다. 해탈하고 열반에 들어가 존재가 '멸'(滅)하는 것 이외에는 영구불변으로 고정된 것은 '진리' 그 자체 이외에는 없기 때문이다.

존재하는 모든 세계에 '불법'(佛法)이 존재하도록 하는 것이 불교의 이상이며 중심 원리이다. 그런데 중국 수·당시대의 불교에, 석가모니가 죽은 뒤에 '정법(正法)·상법(像法)·말법(末法)가 오고 그 뒤에 불법을 들을 수도 깨달음에 도달할 수도 없는 법멸(法滅)시대가 온다'는 말법사상이 퍼졌다. 해탈할 수 있는 기회가 박탈되는 시대가 온다는 것은 심각한 문제다. 부처의 가르침과 실천과 그 결과가 그대로 나타나는 시대는 정법시대인데 이 좋은 시대는 끝났다. 그 다음 시대가 상법시대인데 정법시대와 유사하지만 결과를 얻기가 상대적으로 어려워진 시대이다. 해탈이 쉽지 않다. 그 다음에 말법시대가 온다. 이때는 부처의 가르침은 남아 있지만 수행하는 자도 없고 깨닫는 자도 없다는 시대라고 한다. 말법시대가 가면 부처의 가르침조차 사라진, 무법천지가 된다. 묘한 종말론이다. 종말을 말하지 않지만 말세(末世)라는 개념과 구원(救援)을 갈구하는 종말론적 긴박감을 조성하는 논리구조이다. 엄밀하게 말하자면, 석가모니의 가르침이 없어도, 팔정도를 닦아 깨달음을 얻으면 되는데도 지금 불법에 절실하게 매달려야 한다고 암시한다.

정법시대와 상법시대의 기간에 대해서는 이견이 있지만 말법사상 이론을 세울 때 자신들의 시대를 상법이 끝나는 시점이냐 아니면, 말법이 이미 시작된 이후인가로 보는 입장에 따라 시대의 길이, 심지어는 석가모니가 죽은 시점에 대한 의견이 엇갈린다. 중요한 것은 A.D. 6~7세기에, 불교의 정상적인 논리구조를 비틀어서라도 불교에 대한 관심을 끌어올리고 싶었다는 점이다. 불교의 문제점은 출가와 수행이 길고 어렵다 점에 있었다. 결과적으로, 말법사상이 유행하면서 말법시대에 적합한 방법론을 찾는 경향이 생겼다. 그래서 자신의 수행과 깨달음이 아니라 부처나 보살의 법력에 의지하는 타력구원이라는 개념이 불교 안에 들어왔다. 그리고 이런 식의 구원을 담당하는 부처와 교설과 종파가 출현했다. 미륵보살이 이에 해당하는 부처이고, 정토종이 생겨났다.

현세에 대한 불가의 관점을 압축한 표현이 '오탁악세'(五濁惡世)라는 말이다. 사람은 탐·진·치(貪瞋癡)라는 삼독심(三毒心)에 젖어있기 때문에 사람이 사는 세상은 악할 수밖에 없다. 세상의 악(惡) 역시 고정된 것이 아니기 때문에 점점 더 악해졌다가 다시 늘었다가 한다. 악의 증감으로 인해 인간의 수명이 8만 4천 살에서 시작해서 10살까지 줄어들었다가 다시 늘어난다. 이 증감을 20회 반복하는 것이 주겁이다. 그 다음에 괴겁과 공겁이 온 뒤에 우주는 다시 시작된다. 그러니 세상의 악함을 두려워하거나 걱정할 필요가 없는 종교가 불교이다. 단지, 업보를 염려하되 불법을 쌓아 해탈을 추구하면 된다. 이러한 논리체계에서 오탁악세를 말세의 징후로 간주하고 염려하여, 이질적인 세계관과 방법론을 받아들여 체계화하였다는 것을, A.D. 6~7세기 불교의 침체현상만으로는 설명이 안 된다. 종말론 사상을 갖춘 다른 종교의 강력한 영향력이 있었다고 추정할 수밖에 없다.

말법사상은 6~7세기, 수당시대에 소개되고 유행한다. 말법사상과 가장 관련이 깊은 불경이 〈능엄경〉인데 8세기 초에 중국에 소개된다. 중국에서도 처음 소개될 때부터 논란이 많은 경서인데, 내용으로 보면 중국에서, 화엄경을 토대로 반야경을 참조해서 만들어진 불경이다. 〈능엄경〉의 목적은 수당시대의 불교 침체와 그로 인한 불교 종파들 간의 혼란과 이설을 종합하고 정리하여 체계를 잡으려는 것이다. 그렇다면 중국만을 고려한다면 늦어도 A.D. 6세기 무렵부터 타 종교의 종말론에서 강력한 영향을 받았을 것이다. 서역을 염두에 둔다면 조금 더 이른 시기에 영향을 받아 말법사상이 나왔을 여지가 있다.

종말사상을 가진 종교 가운데 하나는 조로아스터교이다. 조로아스터교는 '아후라 마즈다'(Ahura Masda) 즉, '지혜의 주(主)'를 믿으며 다른 신들에 대한 제의를 거부하는 특성 때문에 일신교(一神敎)로 여겨진다. 한자로 배화교(拜火敎)라고 하지만 아후라는 불(火)이 아니라 '광명'이다. 우주를 선과 악의 이원론으로 설명하고, 인도종교의 모든 신을 하위 신으로 두는 다신교적 특성도 있다. 조로아스터교는 페르시아가 아니라 '간다라' 위쪽의 '박트리아'에서 발생한 종교라고 한다. B.C. 628년 무렵에 태어난 것으로 추정되는 '짜라투스투라'(Zarathushtra, 혹은 Zoroaster)라는 사람이 '박트리아' 지방에서 체계화하였다. 조로아스터교가 페르시아의 종교가 된 것은, 다리우스 1세(B.C. 522-486 재위)가 아후라마즈다를 믿었기 때문이다. 다리우스가 믿고 후원한 덕분에 B.C. 6세기에는 페르시아 전역에 퍼졌다. 조로아스터교가 발생한 박트리아는 일찍부터 국제무역의 중계무역기지였으니, B.C. 5세기에 벌써 서쪽으로는 그리스까지 소개되었다.

동쪽으로는 비교적 늦은 서력기원 전후에 중국에도 소개된 것으로 본다. 조로아스터교의 경전은 〈아베스타〉(Avesta)인데 수세기에 걸쳐 구전되다가 A.D. 3~4세기에 사산조 페르시아에서 집성되었다.

조로아스터교의 종말사상은 사람은 생전에 선과 악, 두 원리 가운데 하나를 자유롭게 선택하고 그 선택에 대해 심판을 받아야 한다는 것이다. 빛을 택하고 의롭게 산 사람들은 종말의 때에 부활하여 영생과 복락을 누리고 악을 택한 사람들은 악신 아흐리만과 함께 영원히 멸망을 당한다. 조로아스터교의 종말론은 유대교나 기독교처럼 '구세주'를 말하지만 구세주의 역할은 악한 신에 대한 최종적인 승리에 국한된다. 이 수준에서 종말시대의 도래와 함께 구세주가 자신의 공덕으로 죄인들을 용서하고 구원한다는 개념으로 도약하여, 전적으로 새로운 종교사상을 만들고 유행시킨다는 것은 결코 쉬운 일이 아니다. 이처럼 독특한 종말론과 구세주는 성경에 나타난 메시야사상 뿐이다.

유대인들의 종말론을 '끝,' '종말,' 혹은 '(여호와의)심판'같은 단어와 개념에서 찾으면 B.C. 8세기에 등장한 예언자 아모스부터이다(암 8:2, 5:18-20). 아모스 9:1에서는, "내가 그 남은 자를 칼로 죽이리니 그 중에서 한 사람도 도망하지 못하며 그 중에서 한 사람도 피하지 못하리라"라고 선언한다. 아모스만이 아니라 호세아, 이사야, 미가와 같은 예언자들도 종말과 심판을 언급한다. 이 종말론을 이어받은 것이 기독교이며, 사도 요한이 쓴 계시록에 잘 나타나 있다. 요한계시록은 대개 A.D. 95년 무렵에 기록된 것으로 보지만 내용상 A.D.

70년 이전에 기록된 것으로 보아야 한다는 주장도 있다. 기독교의 종말론은 A.D. 1세기 중반에 사도 도마와 바돌로매를 통해 인도에도 전파되었다고 봐야한다. 심지어 A.D. 5세기 초반의 네스토리우스파 기독교(경교)를 통해서 서역과 중국에 소개되었을 가능성도 충분하다. 7세기 초반의 당 태종 때에는 중국에 '네스토리우스파 교회'를 세웠다. '페르시아교회'라는 뜻으로 '파사사'(波斯寺)라고 불렸다가 대진사(大秦寺)로 불렀다.

유대인들의 종말사상은 즉, 구약성경의 종말론은 단지 말세만 말하지 않는다. '구원과 메시아의 출현'을 포함한다는 특징이 있다. 조로아스터교는 악을 버리고 선을 택하라는 윤리적 권고를 강조한다. 종말이 오면 선택에 대한 심판을 받을 뿐이다. 반면에 성경은 종말의 때는 '신실한 자들'이 신성한 구원자에 의해 구원받는다는 점에서 극명하게 대비되는 특징이다. 다시 말해서, 종말의 때에 다른 종교에서는 행위자 속에 있는 의로움과 신실함을 강조하지만 성경의 종교는 행위자가 아닌, 행위자 속에 구원받을 만한 선과 의가 없을지라도 구원자 속에 있는 의로움과 신실함 때문에 구원받는다고 가르친다. 그런 점에서 유대교에서 종말의 때가 가까이 온다는 것은 구원의 날이 가까이 온다는 것이며, 하나님이 가까이 계시다는 것이며, 즐거운 날이 가까이 온다는 것이다.

"내가 나의 의를 가깝게 할 것인즉 상거가 멀지 아니하니 나의 구원이 지체치 아니할 것이라 내가 나의 영광인 이스라엘을 위하여 구원을 시

온에 베풀리라"(사 46:13)

"너희는 여호와를 만날 만한 때에 찾으라 가까이 계실 때에 그를 부르라"(사 55:6)

종말의 때에 서둘러서 선을 행하라, 공덕을 쌓으라고 말하지 않는다. 하나님을 찾으라, 부르라고만 말한다. 구약성경 즉, 유대인들의 종교사상에서 종말의 날은 '주(主)의 날,' '여호와의 날,' '큰 날'이다. 가깝고도 심히 빨라서 용사조차도 애곡하는 날, 분노의 날, 환난과 고통의 날, 황무와 패괴의 날, 캄캄하고 어두운 날이어서 나팔을 불어 경고해야할 날, 놀랍게 멸절할 날이다(습 1장). 하지만 구원을 베풀 전능자의 날이며 이스라엘이 기뻐 뛰노는 날이다(습 3장). 정밀한 내적 체계가 없이는, 단지 악을 조장할 뿐이라고 오해하기 쉬운 이런 종말론을 내재적으로 발전시키기란 쉽지 않다. 이 연장선에 신약성경의 종말론이 전개된다. 본질상 동일하다. 베드로는 구약시대의 예언자 이사야의 말을 인용하여, 말세는 종말과 심판의 때인 동시에 구원과 영광의 때라고 그대로 선포한다.

"하나님이 가라사대 말세에 내가 내 영으로 모든 육체에게 부어 주리니 너희의 자녀들은 예언할 것이요 너희의 젊은이들은 환상을 보고 너희의 늙은이들은 꿈을 꾸리라"(행 2:17)

"너희가 말세에 나타내기로 예비하신 구원을 얻기 위하여 믿음으로 말미암아 하나님의 능력으로 보호하심을 입었나니"(벧전 1:5)

미륵의 기원

불교판 종말론인 말법사상에 부응하는 구세주가 미륵보살이다. '미륵'(彌勒)은 산스크리트어 '마이트레야'(Maitreya)의 발음을 한자로 옮긴 것이다. 이 이름은 불교의 원시경전인 빠알리 삼장의 소부 15경 가운데 하나인 〈수타니파타〉에 '메테이야'(Metteyya)로 언급되어 있다고 한다. 이것을 근거로, '메테이야'는 석가모니의 16대 제자이고, 56억 7천만 년 뒤에 하생하여 부처가 될 것이라고 수지(樹脂)했다는 설화를 합리화시킨다. 그러면 '메테이야' 즉 미륵은 실존인물인가? 미륵은 실존인물이기도 하고 아니기도 하다. 실존인물 미륵은 부파불교 가운데 유가행파의 창시자이다. 4세기 말에 활동한 무착(無著, Asa·nga)과, 무착의 동생이며 불교의 대학자로 명성이 높은 세친(世親, Vasubandhu), 이 두 사람의 스승이기도 하다. 그러나 미륵신앙의 대상인 미륵은 실존인물이 아니라는 것이 정설이다. 석가모니와 그 직계제자가 기독교의 '메시아' 사상과 타력구원론에 해당하는 종교사상을 가졌을 리가 없다.

미륵불의 기원을 산스크리트어 '마이트레야'와, A.D. 1세기부터 4세기 사이에 로마 군대를 중심으로 퍼진 '미트라'(Mithras)종교의 이름이 유사하다는 점에서 찾으려는 사람들이 있다. 그러나 로마군대의 지배를 받지도 않았던 서역 일대와 중국에서 로마군대의 '미트라'교를 참조할 이유가 별로 없다. 무엇보다도, 미트라교의 특성은 비밀엄수를 절대조건으로 삼았기 때문에 미트라교 내부의 교리와 특성에 대해서는 당시에도 알려지지 않았다.

'미트라'라는 이름을 단서로 삼아 박트리아 혹은 고대 인도종교와 연결해서 설명하려는 시도도 있다. 조로아스터교의 경전인 〈아베스타〉에도 '미트라'(Mitra)라는 이름이 나오는데 이것은 조로아스터교가 박트리아에서 발생하면서 인도종교에서 언급된 신들을 하위 신으로 끌어들였기 때문이다. 인도의 〈베다〉에 '미트라'가 등장한다. 〈베다〉의 '미트라'는 인간을 보호하며 태양의 속성으로 나타나지만 종말시대의 구원자라는 개념은 없다.

종말시대에 신적 존재가 지상에 강림하여 자신의 의로 사람들을, 심지어 죄인까지도 구원해준다는 구원자의 개념은 구약성경의 '마쉬아흐'뿐이다. 구원자로서의 '마쉬아흐' 개념은 모세5경에서부터 등장한다. '기름을 부어 위임한다'라는 동사 '마솨흐'도 모세5경에서부터 등장한다. 아론(출 40:13), 사울(삼상 10:1), 다윗(삼상 16:13)이 기름부음을 받은 대표적인 사람들이다. 성경에서 '기름부음을 받은 사람'은 하나님이 자기 백성을 구원하기 위해 세운 도구들이다. '기름부음'은 하나님에 의한 구별과 확증인 동시에, 하나님의 성령과 능력의 충만을 가리킨다. 하나님이 모세를 사명자로 부를 때, 가시떨기에 불이 붙었으나 가시떨기는 조금도 타지 않은 채 그 주변을 거룩한 곳으로 만든 것과 같다.

히브리 단어 '마쉬아흐'를 B.C. 3세기 무렵에 그리스어(헬라어)로 옮길 때 '메시아스'(Μεσσιας)라는 단어를 채택했다. 헬라어 '메시아스'를 영어로 옮긴 것이 오늘날 한국인들이 '메시아'라고 읽는 'Messiah'라는 단어이다. 사도 요한은 요한복음 1:41과 4:25에서 '메시아스'라는 단어를 사용한다. 물론 요한은 그리고 신약성경의 기록자들은 '크리스토스'(Χριστός)라는 헬라어 단어를 훨씬 더 애용한다. '크리스토스'라는 단어는 구약 히브리어의 '마쉬아흐'의 의미에 대응하는 '기름을 붓는다'라는 동사 '크리오'에서 파생된 존칭형의 명사이다. 심판의 때에 지상에 강림하여 자기 백성을 구원할 '마쉬아흐' 혹은 '메시아스'와 〈수파니파타〉의 '메테이야'(Metteyya)는 발음의 유사성이 크다. 사상의 유사성은 훨씬 더 크다.

자비제일(慈悲第一)

불교의 정신은 '자비'에 있다고 한다. 상좌부불교에서도 이타(利他)와 자비(慈悲)를 강조했다. 자(慈).비(悲).희(喜).사(捨), 이 네 가지 마음을 한없이 품어야 한다는 사무량심(四無量心)과, 네 가지 덕행으로 중생을 품고 보호하라는 '사섭법'(四攝法)을 가르쳤다. 사무량심과 사섭법의 중심에는 '자비의 마음'이 있다. 이것은 불교인이 된다는 것은 "자비"의 마음을 품고 실천하는 사람이 된다는 것이며, 이렇게 해서 석가모니와 동일한 마음을 품고 석가모니를 닮아가는 사람이 된다는 뜻에 다름 아니다. 대승불교는 상좌부불교를 '작은 수레'라는 뜻의 '소승'(小乘)이라고 비하했는데 자비에 관해서도 '자비제일'이라는 말로 소승보다 두드러지게 한다.

자비의 정신과 이타의 정신은 석가모니와 불교윤리의 기본이다. 그러면 단지 대승불교는 상좌부불교보다 더 강조하는 것인가? 윤리의 실천덕목에 대한 강조점에서만 차이가 있을 뿐인가? 자비와 관

련해서, 종교의 주된 원리에 차이가 발생한 것은 아닌가? 상좌부불
교와, 대승불교 각각에게 '자비가 구원의 원인이 될 수 있느냐 없느
냐'라고 질문해보자.

　석가모니의 가르침은, 번뇌를 끊고 팔정도를 닦아 깨달음에 도달
하라는 것이다. '고타마 싯다르타'라는 출가수행자가 '석가모니'가
될 수 있었던 것은 '최고 수준의 올바르고 완벽한 깨달음' 즉, '아뇩
다라삼먁삼보리'(無上正等正覺)를 깨우쳤기 때문이다. 이때 고타마
싯다르타가 자비심을 한없이 품는 것이 '아뇩다라삼먁삼보리'를 얻
는 원인이 되었는가? 어느 정도로 직접적인 영향을 끼쳤을까? 석가
모니는 자비심 때문에 출가를 했고, 자비심 때문에 초전법륜을 열었
고, 설법으로 깨우치고 제자를 거두었고, 승단을 조직하고 계율을
주었다. 이렇기 때문에, 이런 자비심이 해탈의 직접적인 원인 혹은
수단이라고 주장할 수 있다는 말인가? '동기' 그 자체가 직접적으로
'결과'를 낳는가? 석가모니는 해탈하기 위해 수행에 용맹정진했다.
그러므로 석가모니는 다른 사람들을 사랑하고 불쌍히 여기며 품었
기 때문에 해탈한 것이 아닌 것은 분명하다. 의심할 수 없이 명백한,
석가모니의 가르침은 12연기, 사성제, 팔정도였다. 이것들은 '아뇩
다라삼먁삼보리'를 얻는 길이라는 것이 석가모니의 가르침이다.

　그런데 후대의 불교에서는 공(空)이 곧 자비(慈悲)이며 자비가 상
대적 '보리심'(깨달음의 마음)이라든가, 자비는 해탈에 이르게 하거나
쉽게 해주는 길이라든가, 자비를 명상하지 않으면 해탈하지 못한다
거나 하는 정도로 '자비'의 가치를 격상시킨다. 자비는 불교인의 윤

리덕목 가운데 하나가 아니라 주요 원리로 높인 셈이다. 타인을 위해 자신의 모든 것만이 아니라 자기 자신조차도 기꺼이 희생시키는 '자비심'은, 미륵 부처를 탄생시켰고 법장 비구를 아미타불로 만들어주었다는 '불교설화'를 만들어낼 정도로 '위력'을 갖추게 되었다. '자비'라는 윤리덕목의 실천은 인간사회에 몹시 긴요한 것이며 당연히 강조해야 한다. 하지만 당연한 것을 강조한다는 것은 종교의 차원이 아니다.

종교체계, 신앙체계에서 어떤 실천덕목을 이처럼 격상시키는 데에는 경전과 교설(敎說)이 반드시 있어야 한다. 불교에는 〈자비경〉이 있다. 대승불교에서 '자비제일'이라고 부르짖고 강조한다면 〈자비경〉은 그 어떤 불경보다 중요한 경전이다. 따라서 〈금강경〉보다 높여야 하고, 〈화엄경〉이나 〈법화경〉보다 더 중시해야 한다. 하지만 역사는 그렇게 흘러오지 않았다. 〈수타니파타〉에 들어 있는 〈자비경〉은 석가모니가 직접 가르친 것이라는 설명이 A.D. 5세기에 가서야 어떤 주석에 등장했다. 〈자비경〉의 내용은 '한량없는 자비의 마음을 닦아야 한다, 마치 어머니가 외아들을 목숨을 걸고 지키는 것처럼 세상을 향해 자비심을 품고 마음을 닦아야 한다'는 식의 내용이며 기원이다. 결코 본질적인 설명은 없다. 단지 주문처럼 외울 뿐이다. 부처와 구원과 중생에 직결된 원리를 충분히 제시하지 않는다. 단지 믿으라고 요구할 뿐이다.

〈자비경〉은 수행자가 중생을 위해 희생적인 자비심을 품고 서원하여 부처가 되는 까닭, 그 힘의 비결은 무엇인지, 왜 부처가 되는 정상적인 방법 이외에 자비행이라는 다른 길이 있는지, 해탈과 자비의 상관관계는 무엇인지, 아미타불의 이름을 열 번 부르면 자비를 베풀어 구제해주는 까닭이 무엇인지에 관한 설명과 이해의 단초를 제공해주지 않는다. 정상적인 차원에서, 경서(經書)와 논장(論藏)으로서는 부족하다. 〈자비경〉을 언급한 가장 오래된 기록은 A.D. 5세기이다. 그렇다면 아무리 늦어도 4세기에서 5세기 사이에, 불교는 신(神)의 '자비'를 구원과 중생제도의 근본원리로 삼는 종교로부터 충격을 받은 것이 틀림없다고 추론할 수밖에 없다. 불교에게 '자비심'이라는 충격을 준 것은 성경의 종교 밖에 없다. 왜냐? 소위, '자비제일' 정신은 성경의 일관된 원리이며 근본정신이기 때문이다.

자비제일은 성경의 원리이다

흔히, 불교는 자비의 종교이고 기독교는 사랑의 종교라고 한다. 정확한 비교가 아니다. 결코 충분하지도 만족스러운 대답도 아니다.

바울은 고린도 교인들에게 쓴 편지에서 "내가 사람의 방언과 천사의 말을 할지라도 사랑이 없으면 소리 나는 구리와 울리는 꽹과리가 되고 내가 예언하는 능이 있어 모든 비밀과 모든 지식을 알고 또 산을 옮길만한 모든 믿음이 있을지라도 사랑이 없으면 내가 아무 것도 아니요"라는 말로 시작해서 "그런즉 믿음, 소망, 사랑, 이 세 가지는 항상 있을 것인데 그 중에 제일은 사랑이라"라는 유명한 말을 했다(고전 13장). 모든 계명 가운데 첫째 계명이 무엇이냐고 질문을 받자 예수는 모세5경을 인용해서 '하나님을 사랑하고 이웃을 네 몸

같이 사랑하라'고 대답했다(신 6:5, 눅 10:27). 사도 요한은 "하나님이 세상을 이처럼 사랑하사 독생자를 주셨으니 이는 저를 믿는 자마다 멸망치 않고 영생을 얻게 하려 하심이니라"라는 말씀을 기록했다(요 3:16). 사도 바울도 "우리가 아직 죄인 되었을 때에 그리스도께서 우리를 위하여 죽으심으로 하나님께서 우리에게 대한 자기의 사랑을 확증하셨느니라"라고 동일하게 증거했다(롬 5:8).

바울은 성도들의 공동체인 교회의 원리를 면밀하게 제시한 에베소서 1장에서도 본론의 첫 문단에서도 '사랑'을 매우 중요한 원리로 제시한다.

"곧 창세 전에 그리스도 안에서 우리를 택하사 우리로 사랑 안에서 그 앞에 거룩하고 흠이 없게 하시려고 그 기쁘신 뜻대로 우리를 예정하사 예수 그리스도로 말미암아 자기의 아들들이 되게 하셨으니"(엡1:4-5)

바울은 에베소 교인들의 "믿음과 모든 성도를 향한 사랑을" 들고 흡족하여 하나님께 감사를 드린다(엡 1:15). 그리고는 교회공동체는 그리스도의 몸이라는 개념으로 교회의 본질을 설명하기 시작한다. 2장으로 이어지는 이 설명은, 왜 첫 문단(4-5절)에서 "예정"이라는 말을 두 번씩이나 사용해서 '하나님의 사랑' 이전에 '하나님의 예정'이 있었는지, 그리스도의 몸이라는 개념을 끌어들였는지 이내 드러난다. 4절과 5절에서 대단히 중요한 근본원리를 담은 진술을 토로한다.

"긍휼에 풍성하신 하나님이 우리를 사랑하신 그 큰 사랑을 인하여 허물로 죽은 우리를 그리스도와 함께 살리셨고 (너희가 은혜로 구원을 얻은 것이라)"(엡 2:4-5)

하나님이 "우리를 그리스도와 함께 살리신" 즉 구원해주신 원인은 하나님의 사랑이라고 선언한다. 그런데 구원받기 전에 우리는 '죄와 허물로 죽어 있는 상태'였다. 이 문구는 2장 1절에서 한 말을 간명하게 압축해서 다시 말한 것이다. 여기에서 다시 언급한 것은, "죄와 허물로 죽은 우리에게 사랑을 베풀도록" 충동을 준, 하나님 내면의 속성인 '긍휼'을 나타내기 위한 것이다. 그렇다. 무게중심은 '사랑'에서 '긍휼'로 이동한다. 사랑이라는 원인에 원인이 있다. 하나님 내면의 '긍휼'이라는 속성 때문에, 하나님은 죽어 마땅한 죄인에게 "그 큰 사랑"을 베푸시게 된 것이라고 바울은 상세하게 진술한다. 바울의 논리구조를 정리해보자.

(1) 교회는 그리스도의 몸이다. 그리스도로 가득 찬 존재다(1:23).
(2) 신자가 되기 전에는 너희도 죄와 허물로 죽어 있었던 존재였다(2:1).
(3) 너희는 죽은 상태에 있었을 때, 세상 풍속을 좇고 사탄을 따르며 육체의 욕심을 따라 마음대로 살았다. 본성 그 자체가 진노(震怒)를 받아 멸망해야 마땅한 존재였다(2:2-3).
(3) 하나님은 영원히 진멸시켜야할 우리를 오히려 '긍휼'히 여기

셨다(2:4).

(4) 하나님의 '긍휼'한 마음은 죄인에게 큰 사랑을 베풀도록 했다 (2:4).

이것이 1장 4절과 5절에서 그토록 강조한 "예정"의 내용이다. 역사 속에서 죄인들의 행위를 보고 하나님이 결정한 것도, 죄인들의 행위를 미리 알고 그에 대응해서도 아니다. 전적으로 하나님 내면에 있는 '긍휼'이라는 속성이 궁극적 원인이라는 단서를 제공해준다. 이제 바울은 2장 4절에 포함된 '하나님의 그 큰 사랑'이란 무엇인지 암시한다.

죄인을 구원하는 것은 좋지만, 죄를 지은 자는 반드시 죽어야 한다는, 하나님 자신의 '정의'(正義)와 공평(公平)의 원리를 손상시키는 모순을 하나님 스스로 범할 수는 없다. 죄용서는 단지 주권자의 사면권의 문제가 아니다. 권력이 있다고 해서 '감정'이 생기는 대로 자신의 본성 및 속성을 범하는 것은 잘못이다. 자신이 세운 법을 스스로 깨뜨리고 허무는 것은 포악무도한 짓이지, 거룩하고 정의롭고 공평하며 신실한 하나님에게는 있을 수 없는 일이다. 하나님은 자신의 속성인 '긍휼'과 더불어 '정의'라는 속성을 동시에 충족시켜야 했다. 죄인이 받아야할 형벌에 상응하는 대가를 만족스럽게 치러야 했다. 영원히 죽어야 할 자를 무한한 축복 속에서 영원히 행복하게 살 수 있도록 만들어줄 대가란 무엇인가? 이 값을 대신 치러줄 존재는 영원한 신성을 가진 무죄한 존재의 죽음 밖에는 없다. 4절에서 언급된,

'하나님의 그 큰 사랑'을 5~8절에서 함축적으로 설명했는데, 이렇게 정리할 수 있다.

(1) 삼위일체 하나님이 정당하게 죄인들을 구원하기로 언약을 맺었다.

(2) 삼위일체 하나님의 한 위격이 죄인들에 대해 품은 그 사랑을 성취하기 위해, 다른 위격의 하나님이 사람으로 와서 죄인들에 대한 사랑을 품고 죄인들의 죄를 전적으로 대신 짊어지고 대신 죽어주기로 하고, 또 다른 한 위격의 하나님은 그 구속의 공로를 죄인에게 적용하고 사랑과 구속을 실현하기로 하였다.

(3) 이때 죄인들은 자신의 구원을 위해 아무것도 한 것이 없다. 대가를 전혀 지불하지 않고 구원을 선물로 받아 누린다. 값을 주지 않고 거저 얻는 이것이 '은혜'다. 믿음조차도 공짜로 받은 선물이다.

그렇다. 긍휼을 베풀기를 원하는 아버지 하나님의 뜻을 이루기 위해 영원불멸의 창조주, 만유의 왕이 자발적으로 그 속전(贖錢)을 치르기로 하고, 나사렛 예수로 이 땅에 와서 십자가에 매달려 죽으신 것이다. 예수 그리스도가 죽음에서 부활할 때, 우리도 함께 살아났다. 즉, 죄와 허물로 죽었던, 하나님과 영원히 원수가 되었던 우리는 영원한 생명이 충만한 존재로 살아난 것이다.

7절에서, 하나님은 예수 그리스도 안에서 우리에게 '자비'를 베푸셨다고 선언한다. 그렇다. 성경에서 '자비' '인자' '긍휼' '불쌍히 여김'은 동의어이다. 에베소서 2장에 있는 '긍휼'이라는 단어를 모두 '자비'라는 단어로 바꿔도 뜻에 손상이 가지 않는다. 심지어 '사랑'이라는 말 자체도 '자비'와 동의어일 때도 있다. 죄인을 사랑하는 하나님의 마음이 '자비'이다. 죄인을 사랑하여 자신과 자신의 모든 것을 아무 대가 없이, 거저 내주는 '은혜'도 자비에서 나온다. 죄인을 구속하기 위해, 구속의 대가를 대신 치르는 사랑을 베풀도록 만드는 원인은 전적으로 하나님의 '자비'이다.

이것은 바울만의 종교가 아니다. 신약성경 전체의 원리이며, 구약성경 전체의 원리이기도 하다. 바울은 에베소서 1장과 2장에서 해설한 바로 이 원리를 로마서에서 구원의 원리를 상세하게 제시하는 중에, 출애굽기에 있는 "내가 긍휼히 여길 자를 긍휼히 여기고 불쌍히 여길 자를 불쌍히 여기리라"라고 구절을 인용하여 한 줄로 압축했다(출 33:19, 롬 9:15). 이 문장의 깊은 뜻을 본래의 문맥에서 살펴볼 필요가 있다. 이 문장은, 모세가 여호와 하나님께, '주의 길을 내게 보여주십시오' 그리고 '주의 영광을 내게 보여주십시오'라고 탄원한 것에 대한 하나님의 답변이다.

모세의 탄원은 범상치 않다. 먼저 모세가 보여 달라고 요구한 '주의 길'은 '주의 방법'이라는 뜻이다. '하나님의 방법은 도대체 무엇인지 지금 보여 달라'고 요구하는 것이다. '이 엄청난 죄인들은 주의 백성인데, 죄를 지었더라도 주의 백성인데, 하나님은 어떻게 하나님의 나라로 인도하실 것인지 그 방법을 보여달라'는 요구인 것이다. 이집트에서 4백 년 동안 종살이를 하던 이스라엘 백성을 구출한 하나님은 시내 산에서 백성과 계약을 맺었다. 하나님은 이스라엘의 하나님이 되고 이스라엘은 하나님의 백성, 제사장 족속이 되는, '시내 산 계약(언약)'을 맺은 상태였다. 이 계약을 체결한 뒤에, 하나님은 모세를 통해 '계명들'을 낱낱이 선포하고 가르쳤다. 그리고 모세를 산 위로 불러 친히 두 개의 돌 판에 '계명들'을 적어 주신다. '증거의 돌 판'이다. 그 다음에는 계약을 적은 두 돌 판을 중심으로 한 장막(帳幕) 성전의 설계를 설명해준다. 이 내용은 출애굽기 19장부터 31장까지 기록되어 있고, 40일이 걸린 과정이었다. 그런데 이 중차대한 과정은 돌연 하나님의 분노와 함께 중단되었다. 산 아래에서 기다리던 백성이 계명을 어겨 계약을 깨뜨렸기 때문이다.

모세가 빽빽한 구름으로 둘러싸인 시내 산에 올라간지 40일이 되도록 내려오지 않자 백성들은 마냥 그대로 있을 수 없어서 '금송아지' 형상을 만들어 예배를 드리며 축제를 벌였다. "너는 나 외에는 다른 신들을 네게 있게 말지니라 너를 위하여 새긴 우상을 만들지 말고……아무 형상이든지 만들지 말며"라는 계명을 어긴 것이다(출 20:3-4). 이 때문에 하나님은 분노했다. 그리고 판결을 선고한다.

"내가 이 백성을 보니 목이 곧은 백성이로다 그런즉 나대로 하게 하라 내가 그들에게 진노하여 그들을 진멸하고……"(출 32:9-10)

여기에 나타난, 하나님의 분노와 저주는 무절제한 감정폭발이 아니다. 계명을 어기고 계약을 깨뜨리는 것이 필연적으로 야기하는 무서운, 그러나 합법적이며 당연한 결말이다. 다음과 같은 뜻이다.

(1) 이 백성은 우상숭배라는 반역죄를 스스로 기쁘게 저질렀다.

(2) 신성한 계약(언약)을 깨뜨렸다.

(3) 계약에 따라, 어긴 자는 죽음과 파멸의 형벌을 받아야 한다.

(4) 죄인을 향해 하나님의 '거룩'은 분노하고, '정의'는 심판과 형벌을 요구한다.

(5) 공평한 집행은 죄인들의 완전한 죽음 즉, 진멸이다.

하나님의 법집행으로서의 진멸(盡滅) 즉, 철저한 멸절의 운명을 선고받은 백성들에게 무슨 희망이 있겠는가? 하나님의 '정의'가 진멸하고 말겠다고 판결 내렸는데 과연 누가, 과연 어떻게 그 판결을 뒤집을 수 있을까? 그렇다면, 하나님은 이 백성의 조상 아브라함과 이삭과 야곱에게 한 약속을 이루겠다고, 이 백성을 약속의 땅으로 데려다주고 축복된 삶을 살게 하겠다고 한 애초의 약속은 어떻게 되는가? 하나님이 아브라함과의 맺은 약속은 어떻게 이룰 것인가? 이 절망적인 진퇴양난의 상황에서 모세는 '그렇다면, 하나님의 방법은 무엇인지, 그 방법을 실현시키는 하나님의 본체적 속성은 무엇인지'를 보여 달라고 하나님께 요구했다. 이 탄원에 하나님이 응답하여 주신 응답의 말씀이다. 원 문맥에서는 더욱 충실하고 완전하게 진술되어 있다.

"내가 나의 모든 선한 형상을 네 앞으로 지나게 하고 여호와의 이름을
네 앞에 반포하리라 나는 은혜 줄 자에게 은혜를 주고 긍휼히 여길 자에
게 긍휼을 베푸느니라"(출 33:19)

영원히 자존(自存)하는 하나님의 존재론적 본성이 답이었다. 반드
시 죽어야 할 이 죄인들에게 주권자 하나님의 '은혜'와 '자비'(긍휼)
이라는 속성이 궁극적인 해결책이다. 죄악을 씻고 하나님 나라에 들
어가게 하는 구원의 역사, 그리고 구원의 성취로 말미암는 하나님
의 영광은 이 두 속성에서 나온다. 이 때문에 기독교에서 인간의 구
원은 하나님이 시작하고 성취하고 완성한다고 말한다. '자비'에서
시작하고 '사랑'으로 실행하고 '은혜'로 거저주고 완성한다. 이 모든
것을 아울러서 '하나님의 선하심'이라고도 한다. 그래서 하나님의
'선하심'을 먼저 나타내 '여호와'임을 나타낸다. 여호와이기에 '은혜
와 자비'를 베풀 것이라고 했다.
    하나님은 모세에게 돌판 두 개를 만들어 산으로 올라오라고 명
령했다. 하나님의 명령대로 산에 오른 모세에게 하나님은 출애굽기
33장 19절의 말씀을 더욱 충분하고 완벽하게 반복했다.

"여호와께서 구름 가운데 강림하사 그와 함께 거기 서서 여호와의 이름
을 반포하실새 여호와께서 그의 앞으로 지나시며 반포하시되 여호와로
라 여호와로라 자비롭고 은혜롭고 노하기를 더디하고 인자와 진실이 많
은 하나님이로라 인자를 천대까지 베풀며 악과 과실과 죄를 용서하나

형벌 받을 자는 결단코 면죄하지 않고 아비의 악을 자여손 삼 사대까지
보응하리라"(출 34:5-7)

이 영광스러운 구절은 먼저, '여호와'라는 명호(名號)를 다섯 차례
나 반포한다. 그리고 자신의 절대적 주권에 의해 '자비'를 베풀 것을
철저하게, 겹겹이 선언한다.
모세는 알아들었다. 그래서 즉시, 엎드려 경배하고 화답했다. 그
리고 하나님의 자비와 은혜에 매달려 백성의 구원을 탄원한다.

"주여 내가 주께 은총을 입었거든 원컨대 주는 우리 중에서 행하옵소서
이는 목이 곧은 백성이니이다 우리의 악과 죄를 사하시고 우리로 주의
기업을 삼으소서"(출 34:9)

B.C. 15세기의 이 사건이 전부가 아니다. B.C. 8세기, 멸망 직전
의 북 왕국 이스라엘에서 활동한 예언자 '호세아'의 메시지 전체가
'하나님의 자비'에 초점을 두고 있다. 왕국이 이교도의 손에 멸망하
면 '이 백성은 어찌될 것인가?', '하나님은 이 백성을 어찌하실 것인
가?,' 그리고 '멸망을 피할 길은 없는가?'라는 의문이 제기되지 않을
수 없는 상황이었다. 이 모든 의문에 대한 해답과, 호세아의 전체 메
시지는 하나의 구절에 압축되어 있다.

"내가 나를 위하여 저를 이 땅에 심고 긍휼히 여김을 받지 못하였던 자

를 긍휼히 여기며 내 백성 아니었던 자에게 향하여 이르기를 너는 내 백성이라 하리니 저희는 이르기를 주는 내 하나님이시라 하리라"(호 2:23)

하나님은 자신들의 패역한 죄악 때문에 멸절되어야 하는 죄인들에게 구원을 베풀고 하나님이 되신다는 이 말씀은 구원의 근본원리를 담고 있다. 그래서 신약성경의 사도들이 그대로 인용했다.

"호세아 글에도 이르기를 내가 내 백성 아닌 자를 내 백성이라, 사랑치 아니한 자를 사랑한 자라 부르리라"(롬 9:25)
"너희가 전에는 백성이 아니더니 이제는 하나님의 백성이요 전에는 긍휼을 얻지 못하였더니 이제는 긍휼을 얻은 자니라"(벧전 2:10)

그렇다. 바울은 로마서 9장에서 출애굽기 33장의 구절만이 아니라 호세아의 구절도 인용했다. 이 뿐만이 아니다. 남 왕국 유다의 멸망을 앞두고 활동한 예레미야를 통해서도 본질상 동일한 메시지를 선포한다.

"내가 그를 책망하여 말할 때마다 깊이 생각하노라 그러므로 그를 위하여 내 마음이 측은한즉 내가 반드시 그를 긍휼히 여기리라 여호와의 말이니라"(렘 31:20)
"나 여호와가 말하노라 그러나 그 날 후에 내가 이스라엘 집에 세울 언약은 이러하니 곧 내가 나의 법을 그들의 속에 두며 그 마음에 기록하여

나는 그들의 하나님이 되고 그들은 내 백성이 될 것이라"(렘 31:33)

약속된 메시아의 앞길을 평탄케 할 선지자적 사역을 감당할 요한의 잉태를 기뻐하며, 요한의 아버지 사가랴가 소리 높여 부른 찬양도 그 핵심은 '하나님의 자비로 말미암는 구원'이었다.

"찬송하리로다 주 이스라엘의 하나님이여 그 백성을 돌아보사 속량하시며 우리를 위하여 구원의 뿔을 그 종 다윗의 집에 일으키셨으니……우리 원수에게서와 우리를 미워하는 모든 자의 손에서 구원하시는 구원이라 우리 조상을 긍휼[자비]히 여기시며 그 거룩한 언약을 기억하셨으니……주의 백성에게 그 죄 사함으로 말미암는 구원을 알게 하리니 이는 우리 하나님의 긍휼[자비]을 인함이라"(눅 1:68-69, 71-72, 77-78)

하나님의 자비에서 출발한 속죄와 구원은 구원받은 자의 윤리에까지 일관되게 퍼져나간다. 예수 그리스도는 첫 가르침인 산상수훈에서부터 '자비'를 명백하게 가르친다.

"긍휼히 여기는 자는 복이 있나니 저희가 긍휼히 여김을 받을 것임이요"(마 5:7)
"너희는 가서 내가 긍휼을 원하고 제사를 원치 아니하노라 하신 뜻이 무엇인지 배우라 내가 의인을 부르러 온 것이 아니요 죄인을 부르러 왔노라"(마 9:13)

"서로 인자하게 하며 불쌍히 여기며 서로 용서하기를 하나님이 그리스도 안에서 너희를 용서하심과 같이 하라"(엡 4:32)

"그러므로 너희는 하나님의 택하신 거룩하고 사랑하신 자처럼 긍휼과 자비와 겸손과 온유와 오래 참음을 옷입고 누가 뉘게 혐의가 있거든 서로 용납하여 피차 용서하되 주께서 너희를 용서하신 것과 같이 너희도 그리하고 이 모든 것 위에 사랑을 더하라 이는 온전하게 매는 띠니라 (골 3:12-14)

성경 전체는 하나님의 '자비'에 관한 기록이다. 죄인들이 죄를 용서받고 구원을 받아, 참혹한 운명에서 벗어나기 위해 궁극적으로 매달려야 하는 것은 다름 아닌 하나님의 자비이다. 정말이지, 자비제일이다. 그래서 성경에는 하나님께 자비를 구하는 탄원이 가득하다.

"내 의의 하나님이여 내가 부를 때에 응답하소서 곤란 중에 나를 너그럽게 하셨사오니 나를 긍휼히 여기사 나의 기도를 들으소서"(시 4:1)

"여호와여 내가 수척하였사오니 긍휼히 여기소서 여호와여 나의 뼈가 떨리오니 나를 고치소서"(시 6:2)

"여호와여 나를 긍휼히 여기소서 나를 사망의 문에서 일으키시는 주여 미워하는 자에게 받는 나의 곤고를 보소서"(시 9:13)

"여호와여 나를 긍휼히 여기소서 내가 주께 범죄하였사오니 내 영혼을 고치소서"(시 41:4)

"네 생명을 파멸에서 구속하시고 인자와 긍휼로 관을 씌우시며 좋은 것

으로 네 소원을 만족케 하사 네 청춘으로 독수리 같이 새롭게 하시는도다"(시 103:4-5)

"한 촌에 들어가시니 문둥병자 열명이 예수를 만나 멀리 서서 소리를 높여 가로되 예수 선생님이여 우리를 긍휼히 여기소서 하거늘"(눅 17:12-13)

성경에서 '긍휼' '인자' '불쌍히 여김'은 '자비'와 본질상 동의어이다. '사랑'조차도 '자비'와 결코 뗄 수 없이 밀착된 개념이다. 이것은 불교에서도 별로 다르지 않다. 성경은 석가모니가 등장하기 전, 아득한 옛날부터, '하나님의 자비'를 출발점으로 삼고 근간으로 하는 '종교'를 체계적으로 가르쳤다. 자비는 단순히 도덕적인 실천덕목이 아니다. 하나님의 본성적 속성이며 원리이며 법칙이다. 완전무결한 신적 지혜를 통해 '자비'는 '거룩'과 '공의'와 '형평'이라는 속성과 어우러져 구원을 성취한다. 이런 종교는 '성경의 종교' 이외에는 세상 어디에도 없다. 성경과 기독교가 가한 충격으로, 불교는 수행과 해탈의 종교에서 자비제일의 종교로 변질되었다고 추론하는 것은 과연 무리일까?

성경을 읽으면서 '자비' 혹은 '긍휼'이라는 단어를 만날 때마다 어려운 한자말이라는 느낌을 떠나서 '불교적 개념'이 듬뿍 담긴 단어를 기독교가 빌려왔다는 생각이 든다면, 그 느낌을 털어내야 한다. 그러한 부채감은 근거가 없다. 불교가 '자비'라는 단어를 오늘날처럼 깊이 이해하고 사용하는 데에는 오히려 성경의 가르침이 결정적으로 작용했다고 보지 않을 수 없다. 성경의 종교, 기독교야말로 세상에서 가장 위대한 자비의 종교이다. 위대한 하나님은 지극하고 영원한 자비의 원천이다. 결코 마르지 않는 샘처럼, 하나님은 자비와 은혜와 인내와 인자를 강물처럼 쏟아낸다.

5

카니슈카 왕의 4차 결집과
종파불교 : 혼돈과 질서

종교는 장구한 역사를 거치고 많은 민족과 환경에 따라 다종다양해진다. 심지어 세대 갈등도 피할 수 없다. 적응하는 과정에서 계율을 변경할 수밖에 없는 환경도 있다. 그럼에도 불구하고 '종교'란 영원한 진리를 다루기 때문에 세월과 환경을 뛰어넘는 연속성을 유지해야 한다. 버려도 되는 것이 있고 결코 버려서는 안 되는 것도 있다. 달라져도 되는 것이 있고 달라지면 안 되는 것도 있다. 그리고 모든 세대는 지금 자신의 모습이 얼마나 올바른지를 판단하는 기준을 엄밀하게 가지고 있어야 한다. 기독교는 이러한 문제의 답을 성경에서 찾는다.

종교의 교학(敎學) 혹은 기독교에서 말하는 신학(神學)은 '믿음'의 실체, 믿음의 주체와 객체에 관해 이해하고 설명하는 것이다. 이상적으로 말하자면, 무식한 신자도 이해할 수 있어야 하는 동시에 탁월한 지성인도 감당하기 어려울 정도로 심오해야 한다. 어리석은 자도 배울 수 있어야 하고 배울수록 지식과 총명과 지혜에 탁월해져서 세상을 이끌 수 있어야 한다. 그러므로 종교가 교학을 연구하고 발달시키는 것은 허무하고 무익한 설화를 꾸며내는 것을 일삼기 위한 것이 아니다.

　종교가 자신의 교학체계를 잘못 설정하면 안쪽에서부터 무너지고 밖에서는 버림을 받게 된다. 부파불교를 설일체유부가 주도하면서 교설의 핵은 '무아'(無我)에 모아지고 반야경 류가 집성되면서 불교는 근력을 잃게 되었다. 불교를 발달시킬 매력도 없어지고 불교가 발달해도 사회와 국가에는 전혀 도움이 되지 않았다. 아시아의 여러 나라가 불교를 적극적으로 수용했으나 문물과 국가제도의 발달에 미친 적극적인 영향은 별로 없었다.

1) 쿠산 왕조와 카니슈카 왕

고래(古來)로 인도는 수많은 사상과 종교가 난립하고 뒤섞이는 곳
이다. 인도는 수많은 종교가 명멸한 환경이었다. 석가모니는 비현실
적이며 부질없는 짓을 벗겨낸 순수 본질적인 성찰 방법론을 파악한
뒤, 혼합과 변질을 피하고자 했다. 석가모니가 죽은 지 2백 년 뒤에
인도 최초의 통일왕국을 달성한 아소카 왕은 불경의 3차 결집을 추
진했다. 그 결과물인 '빠알리 삼장'을 곳곳에 전했다. 불교의 정체성
과 정통성을 보존하기 위해서가 아니라 '전파'하기 위해서였다. 실
론 섬에는 출가수행자가 된 왕자 '마힌다'를 전법사로 파송했다. 실
론 섬의 통치자는 즉시 불교로 개종하고 마힌다를 위해 탑사를 건축
한다. 그 2백 년 뒤인 B.C. 1세기 뒤에 '빠알리 삼장'을 '싱할리' 문
자로 기록하여 보존한다. 국왕의 결단과 후원 때문이 아니라 불교의
변질을 심각하게 우려한 정통파 신자들의 순수한 결단과 헌신 때문
이었다.

10년에 걸쳐 빠알리 삼장을 나뭇잎(貝多羅, pattra) 위에 싱할리 문
자로 기록한 즉, '패엽경'(貝葉經)을 만드는 작업을, 남방불교에서는
4차 결집으로 인정한다. 혼탁한 세파에 불경(佛經)의 훼손과 변질을
막기 위한 고육지책이었다. 그로부터 다시 5백 년 뒤에 인도 부다가
야 태생의 '붓다고사'가 실론 섬으로 건너와 '싱할리' 문자로 기록된
'빠알리 삼장'을 다시 빠알리어로 회복하고자 시도하기도 했다. 이
렇게 해서, 3차 결집의 결과물은 영속적인 보존이 가능해졌고, 근본

불교의 맥을 잇는 상좌부불교의 근간이 유지될 수 있었다.

B.C. 247년 3차 결집을 후원한 아소카 왕은 그 15년 뒤에 죽었다. 그 후 아소카가 내심 걱정하던 사태가 벌어졌다. 왕국의 결속력이 급속히 약화되기 시작했다. 외적의 침입, 인도 남부의 제후들이 일으킨 반란 등으로 왕국의 영토가 위축되었다. 아소카 왕의 사후 50년 뒤부터, 50년에 걸쳐 마우리아 왕조의 제국은 해체되었다. 그 뒤를 이은 것이 푸쉬야미트라 숭가(Pushyamitra Sunga)가 세운 숭가 왕조였다. 숭가 왕조는 옛 마가다 왕국의 영토와 그 주변지역을 통치하는 수준에 머물렀다. 숭가 왕조를 세운 '푸쉬야미트라'는 불교를 마치 외래종교처럼 간주하여 강력하게 탄압했다. 브라만교의 교세를 회복할 목적을 가진 혹독한 탄압이었다. 불교의 경전을 소각하고 불탑을 파괴하고 수백 군데의 승원을 파괴하였다. 불교는 물리적 파괴와 겁박이라는 최초의 종교탄압에 직면했다. 불교는 대략 백년에 걸쳐 탄압을 받았다. B.C. 30년에, 옛 마가다 왕국의 고토를 지배하던 숭가 왕조와 칸바 왕조는, 남 인도에서 출발한 안드라(사타바하나) 왕조에 의해 패망한다.

안드라 왕조와 힌두교의 대두

안드라 왕조는 아리안족 혹은 드라비다족의 후예가 대부분인, 인도 중부의 데칸지방에서 해상무역으로 부와 실력을 쌓았다. 로마제국과도 무역거래를 했다. 데칸지방을 발판으로 북부 방향으로 세력을 확장해서 갠지스 강 일대를 장악했다. 불교는 갠지스 강 일대의 경제력을 기반으로 삼은 크샤트리아 계급과 상인들이 브라만교를 파괴하기 위해 후원한 종교였다. 불교의 철학과 지향점은 갠지스 강 일대에 기반을 둔 지배계급과 이해관계가 일치했다. 아소카 왕의 시대에 이르기까지 브라만계급의 이데올로기를 견제하고 파괴하는데 석가모니의 제자들이 활약해주기를 기대했던 것이다. 석가모니 이래 상좌부불교는 대중의 종교가 아니었다. 그러니 일정한 거리가 있었다. 하지만 불제자들은 힌두교 사상가들을 압도하지 못해서 상류 엘리트 층에서도 밀리기 시작했다. 마우리아 제국이라는 보호막이 사라지자 녹녹치 않은 현실에 내던져졌다.

불교에 적대적인 왕조가 연속적으로 등장했다. 브라만교는 약해지지 않았다. 오히려 면모를 일신하면서 강력해지고 있었다. 반면에 불교는 한계를 드러냈다. 브라만교는 불교를 압도했다. 숭가-칸바 연합 왕조와 안드라 왕조의 부상은 이 현실을 노출시켰고, 이는 불교에게 치명적으로 작용했다. 불교의 실체와 한계를 외면할 수 없게 되었다. 박해는 불교의 후퇴를 가속화했을 뿐이었다.

B.C. 4세기에 산스크리트어(梵語) 문법이 완성되었다. 명백하게도, 브라만교의 사상적 및 문화적 역량에 대한 상징적 사건이었다. 그리고 고급한 사상을 정밀하게 다룰 수 있게 만든 산스크리트어는 브라만교를 더욱 강력하게 만들어주기 시작했다. 〈베다〉가 재정비되기 시작했다. B.C. 2세기 무렵부터는 〈마누법전〉이 체계를 갖추기 시작했다. 읽고 연구하는 종교문헌이 아니라 생활법전으로 활약할 수 있게 된 것이다. 이로써 브라만의 카스트 제도는 더욱 정비되

고 강화되었다. 게다가 브라만교는 각종 토속신앙, 여러 부족과 민중의 종교를 흡수해서 통합했다. 결국, 오늘날 힌두교의 모습을 갖췄고 인도의 종교로서 부동의 위치를 차지하게 되었다. 고대 인도의 엘리트종교인 브라만교는 학문적 체계와 철학을 장악하는 동시에, 민중적 신앙과 삶을 아우르는 종합 종교인 힌두교로 거듭났다. 안드라 왕조는 이 힌두교를 적극적으로 후원했다. 불교는 그 발상지에서조차 힌두교와 상호교류 및 동화를 겪지 않을 수 없었다. 힌두교와 동화된 불교는, 그 발상지에서조차도 존립할 이유가 없게 되었고 결국 소멸의 길로 접어들었다. 힌두교를 비롯한 타종교에 융합하면서 녹아없어졌다고 해야 옳을 것이다.

쿠샨 왕조(Kushan, B.C. 78-A.D. 226)

숭가 왕조와 칸바 왕조는 옛 마가다 왕국의 영토를 차지하는 수준에 만족해야 했다. 마우리아 왕조가 장악했던, 인도 북서부와 중남부의 광대한 지역을 잃어버렸다. 중부 데칸 지방에서 출발하여 불교의 고토인 옛 마가다 왕국을 영토를 차지한 안드라 왕조도 인도 북서부를 회복하지 못했다. 이 지역을 차지한 왕조는, 이후의 인도 역사에서 이민족으로 분류되는 '박트리아'였다.

힌두쿠시 산맥과 아무다리야(옥서스) 강 사이의 중앙아시아 '박트리아'는 알렉산더의 동방원정의 결과로 유입된 그리스 인들이 세운 왕조국가였다. 비단길에서 동서무역을 중계하던 소그드 인들의 땅 '간다라' 일대를 합병했다. B.C. 190년 경에는 인도 북서부를 침공

했고, 약 50년을 지배했다. B.C. 1세기경 박트리아 왕국의 토후국인 토카라 족(族)의 쿠샨 가(家)가 일어나 토카라 족을 장악했다. 그리고는 힌두쿠시 산맥을 넘어 카불과 칸다하르 그리고 인더스 강 유역까지 영역을 넓혔다. 쿠샨 왕조가 인도 땅에 등장한 것이었다.

쿠샨 왕조의 카니슈카(Kanishka, A.D. 73~103)

쿠샨 왕조의 세 번째 왕, 카니슈카(카니시카)의 영토는, 중앙아시아 간다라 지방을 중심으로, 서쪽으로는 부하라(우즈베키스탄)까지 미쳐 파르티아 제국과 국경을 접하고, 동으로는 갠지스 유역의 '파트나'까지 미쳐 안드라 왕조에 면하고, 서북으로는 파미르 고원, 북으로는 후한(後漢)과 국경을 맞대고 있었다. 비단길 중계무역을 근간으로 살아온 소그드 인들을 흡수한 왕국답게 인도, 터키, 중국, 로마, 메소포타미아 등지의 여러 문화를 적극적으로 수용하고 중계하고 혼합했다.

카니슈카 왕은 그리스, 페르시아, 인도의 여러 종교를 인정했다. 물론 힌두교는 예외였다. 단지, 적국의 종교여서가 아니라 사제계급을 최상위에 둔 치밀한 신분제도는 다양한 민족과 종교가 융합된 왕국의 통합성을 파괴할 뿐이기 때문이었다. 불교의 설명에 따르면, 카니슈카 왕은 젊은 시절에 '코탄'에 머물러 불교를 접했고 이때 〈법화경〉에 깊이 매혹되었다고 설명한다. 하지만 서역 일대에는 이미 오래 전부터 불교가 전래되었다는 점을 잊어서는 안 된다. 쿠샨 왕조는 불교의 밑바탕이 학문이라는 점과 융합적 성격을 이해했을 것이다. 마우리아 왕조의 아소카 왕이 3차 결집을 하고 전법사를 통해 각지에 빠알리 삼장을 전한 것도 벌써 4백 년 전의 일이었다. 물론, 서역 일대가 아소카 왕 때 처음으로 불교를 접했을 리도 없다. 당연하게도 서역일대와 쿠샨왕조, 그리고 카니슈카는 처음부터 불교의 존재와 특성을 익숙하게 알고 있었다고 인정해야 한다. 쿠샨 왕조는 국경을 맞대고 있던, 갠지스 강 유역의 적국 안드라 왕조가 불교를 탄압한 만큼 불교를 적극적으로 후원했다. 전략적으로 지극히 당연한 일이었다. 페르시아가 자국 내에서 자라난 '시리아 기독교'를 탄압하면서도 국경을 맞댄 적국 로마가 탄압한 '네스토리우스파 기독교'를 보호하고 후원한 것과 동일한 이치이다.

2) 4차 결집(A.D. 100년경 혹은 2세기 전반)

전략적으로 불교를 후원한 카니슈카 왕은 승려마다 주장이 다르고 서로 어긋나며 모순되기까지 한 것을 조절할 필요가 있었다. 카니슈카 왕은 설일체유부(設一切有部)의 장로인 파르슈바(Parsva, 脇尊者), 아스바고샤(Asvaghosa, 馬鳴), 바수미트라(Vasumitra : 世友)를 중용했다. 설일체유부는 갠지스 강과 인더스 강, 이 두 강의 중간쯤에 위치한 '마투라'를 거점으로, 카슈미르 지방, 간다라 지방에서 가장 큰 부파였다. 불교는 초창기부터 마투라 지역에 진출하였을 것이고, 아소카 왕 때에는 강력하게 자리를 잡았을 것이다. 마우리아 왕조가 몰락하고 그 뒤에 등장한 왕조들이 강력하게 불교를 탄압한 이후부터는 불교는 옛 성지들에서는 쇠락하고 대신에 마투라가 주요한 본거지 역할을 했을 것이다.

카니슈카 왕은 카슈미르 지방의 '쿤달라바나'의 환림사(環林寺)에서 불경을 결집하도록 후원했다. 설일체유부를 주축으로 몇몇 부파가 참여하여 500명의 승려가 모였다. 바수미트라가 결집을 주재했다. 오늘날 불교에선, 이 결집의 목적은 이미 여러 갈래로 분열한 불교 부파들 간의 차이를 종식키기 위한 것이라고 설명한다. 그렇다면 어떤 방법으로 그 차이를 종식시킬 것인지에 대한 기준 설정의 문제를 먼저 해결해야 한다. 예를 들면, 카니슈카 왕은 젊은 시절에 〈법화경〉에 매혹되었다고 하는데 어떤 형태의 〈법화경〉인지도 문제지만, 〈법화경〉에서 가르치는 부처의 신격화와 삼위일체론이 근본불교에 이질적인 것은 훨씬 더 심각한 문제이다. 시대가 흘러가면서 무수히 발생할 수 있는 이런 모순을 해결하는 방법론을 어떻게 모색했는지에 관한 것은 무엇보다도 중요하다. 하지만 이에 관해 명확하게 알려진 바가 없다. 다만, 경전의 표준어를 '산스크리트어'로 한다는 원칙을 확고히 했다는 점은 알려져 있다. 불교로 하여금 자신의 언어를 버리도록 만든 결정이다.

아소카 왕의 3차 결집 이후 대략 4백 년 만에 이뤄진 4차 결집은, 갠지스 강 중부유역의 민중언어인 마가다 방언으로 시작된 불교를 대략 7백 년 만에, 서역에서 팽창하여 인도 북부를 장악한 이민족 쿠샨왕조 치하에서 이뤄진 일이었다. 게다가 인더스 강 유역의 힌두교 고급언어인 산스크리트어로 기록한 결집이었다. 당연하게도, 아소카 왕 때의 '빠알리 삼장'을 산스크리트어로 번역했다. 아니, 시도했다. 빠알리의 산문체는 그럭저럭 산스크리트어로 옮겼으나 운문체 즉, 시어(詩語)는 거의 불가능했다. 마치 오랜 세월에 걸쳐 민중의 삶과 함께 이어져온 '아리랑,' '민요'를 영어로 옮기는 것과 같은 일이다. 언어에 스며있는 감칠맛, 숨결, 정서가 사라진 번역문이 본뜻을 제대로 전달할 수 있을까? 불경의 근본언어인 '빠알리어'로 된 원전을 확정한 뒤, 이 원전에 대응하는 '산스크리트 번역불경'을 만들어 두 본문을 대조할 수 있도록 하는 방법이 좋았을 것이다. 하지만 이렇게 하지 않았다. 단지, 산스크리트어로 불경을 결집했다. 이것은 원전(原典)의 어떤 '대본'(臺本)을 가져다놓고 번역한 뒤에, 원전과 대본을 모두 없애버리고 '번역본'만 남긴 셈이다. 결과가 그렇게 됐다. 결과적으로 불교는 자신의 언어를 잃어버렸다.

'경전'을 기록한 언어는 고정된다. 경전은 불변의 진리를 담은 그릇이기 때문이다. 종교는 경전을 통해 진리와 대면하고 진리로부터 규범을 가져오는 것이기 때문이다. 그 언어를 사용하던 민족이 사라져 사어(死語)가 되고, 그 민족의 언어가 변질되더라도 '경전'을 기록한 언어는 경전 속에서 당시 모습 그대로 살아 있는 법이다. 고대 히브리어가 구약성경을 통해 지금도 '성경 히브리어'로, A.D. 1세기 팔레스틴 지역의 통속적인 그리스어(헬라어)가 지금도 '성경헬라어'로 생존한다. 영국의 잉글랜드 땅에 세워진, 앵글로색슨 7왕국을 기독교화하는 작업은 아일랜드와 스코틀랜드에서 내려온 선교사들에 의해 A.D. 7세기 초반부터 시작되었다. 이 선교사들의 손에 들린

성경은 그 보다 3백 년 전에 아일랜드에 전달된 라틴어 성경이었다. 그 라틴어는 4세기 무렵의 라틴어였다. 오늘날 영어성경도 1611년에 출간된 '흠정역'(King James Version)에서 거의 벗어나지 않는다.

기독교가 라틴(Latin) 세계에 복음을 전한 후, 라틴 사람들이 자신들의 언어인 라틴어로 번역된 신뢰할만한 성경 '전서'(全書) 즉, 〈벌게이트〉를 갖게 된 것은 예수 시대 이후 대략 3백 년 뒤의 일이다. 그리고 이 무렵부터 대략 5백 년에 걸쳐, 게르만 족들이 유입하여 로마제국을 해체하고 유럽의 주민으로 정착하였다. 이 정착과정에서 상위층은 라틴어를 모국어처럼 자유자재로 구사하게 되었다. 그 뒤, 유럽의 "중세"라고 불리는 5백 년 동안, 유럽의 주민들은 기독교 신앙체계와 문화 안에 머물면서 게르만에 뿌리를 둔 통속어와 라틴어를 구사했다. 벌게이트의 라틴어는 상류층과 학자들의 표준적인 언어였다. 〈벌게이트〉라고 불리는 라틴어 성경전서는 변함없는 표준 경전으로 기능했다. 이 〈벌게이트〉의 번역에 의문을 품게 된 것은 중세시대에 들어선지 5백 년 뒤, 〈벌게이트〉가 만들어진지 천 년 뒤의 일이었다. 게르만 족이 유럽의 주민이 되어 확고하게 자리를 잡는데 5백 년, 그리고 중세의 5백 년 뒤에, 유럽 주민들은 자신들의 '통속어' 성경을 갖게 되었다.

4차 결집은 무엇을 결집했는가?

불경 결집의 본래 취지는 '암송'과 '기억'으로 보존·전수되던 불경의 무결성(無缺性)을 보장하기 위해, 한 자리에 모여 검증하는 것이다. 그래서 결집은 기억된 부분을 공표하는 송출(誦出)과 검증하여 재기억하는 합송(合誦)이 핵심이다. 이상적으로는, 이질적인 것이 조금도 스며들 여지가 없는 탁월한 방법이다. 물론, 정체되거나 변화가 매우 느리게 진행되는 사회가 아니라면 경전을 고수하고자 하는 특별한 노력과 체계가 뒷받침되지 않으면 안 된다.

4차 결집에 대한 대개의 설명은, 먼저 10만송의 경장(經藏)을 해석하고 다음에 10만송의 율장(律藏)을 해석하고 그 다음에 10만송의 논장(論藏)을 해석하였다는 것에서 벗어나지 않는다. 도합 30만송을 결집 완료하여 붉은 동첩(銅牒)에다가 새겨 넣어 탑 안에다 안치하고 국외로 전하는 것을 금하였다고도 하고 해외에 전파했다고도 한다. 도서관에 가져다놓고 자유롭게 열람하게 했다는 말도 있다. 다만 후대에 명확하게 알려진 것은 한역(漢譯)된 논장 부분의 10만송이라고 한다.

설명을 얼핏 보면, 3차 결집 당시의 빠알리 삼장은 그대로 두고 경율론 삼장에 대한 해석작업만 한 것처럼 보인다. 이것이 맞다면 4차 결집의 결과물을 봉인해둘 필요도 없고 새삼스럽게 해외에 전파할 필요도 없다. 그런데 카니슈카 왕은 경전의 언어를 산스크리트어로 하라는 규칙을 부여했다고 한다. 그렇다면 '빠알리' 삼장을, '산스크리트' 삼장으로 번역하는 작업을 했어야 한다. 결코 쉬운 작업이 아니다. 카니슈카 왕 당시 기준으로 석가모니의 설법은 벌써 7백 년 전의 언어였고, 빠알리 삼장은 4백 년 전의 언어였다. 3차 결집 작업은 3백 년의 시차만 극복하면 되었다. 하지만 4차 결집은 이

국적 문명을 배경으로 한다. 캐쉬미르와 간다라 문화에서, 수백 년 전의 빠알리어와 산스크리트어를 동시에 통달하고 빠알리 삼장과 해석에도 빈틈없이 탁월한 사람은 얼마나 되었을까? 이처럼 어렵고도 중대한 과업인데 왜 번역에 대해서는 언급이 없을까? 새로운 언어로 번역했다면 결코 봉인해 두어서는 안 된다. 불교가 전파된 모든 곳에는 당연하게 전달해주어야 하고 수납(受納)되는 과정을 거쳐야한다.

삼장에 대한 해석 30만송은 빠알리 삼장을 산스크리트어로 번역하는 것에 비하면 사소한 일이다. 아니면, 번역은 이미 완성되었던 것일까? 동일한 경전을 번역하는 것도 번역자마다, 시기마다, 지역마다 번역문이 달라질 수 있다. 따라서 이 경우라면 '결집'은 표준적인 번역문을 확정하는 작업이다. 그래야 위경(僞經)을 막고 종교의 변질과 혼란을 방지할 수 있다. '표준번역'은 결코 봉인해둘 성질의 것이 아니다. 만에 하나, 경율론 해석 30만송이 '산스크리트어로 해석하여 번역한' 30만송이라고 가정할 수도 있다. 이 경우 30만송은 빠알리 삼장과 정확하게 대응하는 산스크리트어 삼장이 된다. 빠알리 삼장은 영원한 원전(原典)이고 산스크리트어 표준 번역본이 탄생한 셈이다. 대단한 연구가치를 갖는다. 과연 이 경우일까? 결과론적으로, 4차 결집은 대승불교가 빠알리 원전을 버리고 산스크리트 불경을 원전으로 간주하게 만든 모양새가 되었다.

30만송

빠알리어로 된 경율론 삼장에 대한 산스크리트어 해석 30만송이
'4차 결집'의 결과물이었다. 여기에서 '송'(頌)은 게송(偈頌)을 가리
킨다. '게'(偈)라는 말은 산스크리트어 '가타'(g?th?)의 소리를 한자
로 옮긴 것이고, '송'은 그 뜻을 한자로 옮긴 것이다. 게송은 불교문
화의 특징이다. 불경을 문자에 가두지 않고 수백 년에 걸쳐 '암송'으
로 구전시켰다. 암송을 쉽게 하기 위해, 불경을 시(詩)의 형식을 빌
려 일정한 가락과 운을 가진 시처럼 만들었다고 보면 된다. 산스크
리트어 불경에서는, 8음절을 하나의 구(句), 2개의 구를 하나의 행
(行), 2개의 행으로 하나의 시(詩)를 구성하는 형식을 많이 썼다고 한
다. 즉, 32음절로 된 시가 하나의 게송이다. 게송을 한자로 옮길 때
4개의 구(句)로 하나의 게송을 만들되 하나의 구를, 대개 4글자 혹은
5글자로, 혹은 7글자로 만든다. 그래서 한역불경은 4언절구, 5언절
구, 7언절구의 한시(漢詩)처럼 보인다. 결과적으로 4언이면 16글자
가 하나의 게송이고, 5언이면 20글자가 하나의 게송이 된다. 설산동
자가 깨달음을 얻은 게송을 다시 보자.

제행무상(諸行無常) 시생멸법(是生滅法)

생멸멸이'(生滅滅已) 적멸위락'(寂滅爲樂)

10만송이라는 것은 한역불경을 기준으로, 최소한 160만 글자의
분량이라는 뜻이 된다. 이처럼 '게송'은 운문만이 아니라 산문의 분
량을 헤아리는 단위가 된다. 4차 결집에서 삼장에 대한 해석이 모두
30만송이니 480만 글자이다. 한자는 표의문자이다. 글자 하나가 단

어 하나에 상당한 셈이니 480만 단어라고 해도 과히 틀린 것이 아닐 것이다. 1611년에 간행된 영어성경 〈흠정역〉 전체에서 사용된 단어는 79만 개가 안 된다. 신약성경은 179,011 단어이다. 신약성경이 영어단어 수를 18만 단어로 보면, 30만송은 신약성경의 27배 분량이다. 4차 결집의 논장 10만송이 중국에 전래되었다니, 이것만으로도 대략 신약성경의 9배 분량이다. 도대체 카니슈카 시대의 4차 결집은 그 기간이 얼마나 되었을까? 어떤 방식으로 작업을 했기에 이처럼 방대한 분량의 주석작업을 소화해냈을까?

3) 대장경(大藏經)

카니슈카 왕의 4차 결집 이후, 서역일대에서는 대승불교는 마치 족쇄가 풀린 듯 흥성해졌다. 각종 산스크리트어 경전이 쏟아져 나왔다. 통칭, 서역불교가 발달했다. 불행하게도 서역불교는 일정하지도 규칙성도 없었다. 근본적으로 중국과 한국의 불교는 A.D. 1세기 ~8세기 무렵까지의 서역불교에서 연원한다. 지금까지도 중국불교와 한국불교의 기본 성격은 서역불교에서 크게 벗어나지 않는다. 박트리아, 간다라, 카슈미르, 그리고 사마르칸트를 둘러싼 오아시스 성곽국가들과 유목국가들로 구성되어 있기 때문에 지역마다 시기마다 독자적인 불교를 발전시켰던 것으로 보인다. 8세기 무렵에는 이슬람의 서역진출이 두드러지면서 서역불교는 쇠락해갔다. 그러면서 오히려 중국 불교의 영향을 받아들인 것 같다. 10세기 이후에는 그

나마 불교의 명맥이 거의 끊겼다.

쿠샨 왕조와 안드라 왕조의 지배력이 인도 북부에서 사라졌다. 인도 북부는 2백 년간 두드러진 통치체제가 없이 군소국가들이 명멸했다. 4세기 무렵부터 굽타 왕조가 일어나, 갠지스 강 일대를 석권하고 힌두스탄 평원을 장악하여 왕조의 기반을 확고히 했다. 이후 동서남북으로 통치영역을 확대하면서 힌두교를 적극적으로 수용했다. 굽타 왕조의 세 번째 왕인 찬드라 굽타 2세는 마우리아 왕조의 아소카 왕에 버금가는 영토를 지배했다. 힌두교는 굽타 왕조의 적극적인 노력과 체계적인 후원을 받았다. 점차 인도의 국교가 되어갔다. 자체적으로도 역량을 갖춘 힌두교는 이에 부응하여 제국을 하나로 통합했다. 불교는 인도 민중으로부터 더욱 멀어지고 학문적 저력도 고갈되어 소멸의 길을 걸었다.

4차 결집 이후, 불경 결집의 전통은 이후 인도 외부에서 '대장경'(大藏經) 간행으로 이어졌다. 티벳대장경, 한역대장경(漢譯大藏經), 고려대장경(高麗大藏經), 신수대장경으로 이어진다. 동북아 불교의 주요 특성을 이해하려면 '대장경'을 제작한 흐름을 일별할 필요가 있다. 현대 불교 연구의 기준 역할을 하는 신수대장경부터 살펴보자.

(1) 대정신수대장경(大正新脩大藏經, 1924-34)

일본은 20세기 초에, 고려대장경(해인사 팔만대장경)을 근간으로 해서, 송나라 이후의 중국 대장경들, 둔황(敦煌)에서 발견된 사본으로부터 문헌을 증보하여 총 100권짜리 대장경을 활자판으로 간행했다. 수집한 경서류는 85권까지의 분량이었다. 신수대장경에는 불교 문헌이 아닌 타 종교의 문헌도 불경에 포함시켰다. 석가모니가 육사외도로 규정하여 멀리하라고 한, 힌두교 육파철학인 상키야 학파와 바이세시카 학파의 논서들이 포함되어 있다. 이들 철학은 국왕 앞에서 불교를 논파한 학설들이다. 게다가 신수대장경 제54권에는 마니교와 네스토리우스파 기독교의 한자 경서들까지 포함하고 있다. 단순히 불교 교학의 발달에 참고할 요량으로 첨가한 것들이 아니다. 정확한 해석을 곁들이지 않으면 불경으로 착각할 정도로 불교화 된 문헌들이었다.

　마니교 경서는 〈마니교하부찬(摩尼教下部讚)〉과 〈마니광불교법의략(摩尼光佛教法儀略)〉이 눈에 띤다. 8세기 초반에 작성된 문서로서 마니교가 중국에 들어와 거의 완벽하게 불교화 된 모습을 보여준다. 여기에 그치지 않고 마니교는 불교에도 침투해 불교도들로 하여금 '마니불'(摩尼佛)을 신봉하게 만들었다. 〈천수경〉에도 등장한다. 죄업을 소멸시키기 위해 부르는 부처이름 가운데 '환희장마니보적불'과 '제보당마니승광불'이 마니교에서 온 부처라고 한다. '마니당불'이라는 부처의 명칭도 마니교에서 온 것으로 보인다.

　신수대장경에는 '경교'의 문헌도 몇 가지 싣고 있다. 〈서청미시소경(序聽迷詩所經)〉이라는 문헌이 그 가운데 하나이다. '하나님' 혹은 '신'(神)이라는 명칭을 대신해서 '부처'를 뜻하는 한자 '불'(佛)을 사용하고, '예수'를 가리켜 '세존'(世尊)이라고 부르고, 불법의 수호자인 '아라한'(阿羅漢)이라는 용어를 사용했다. 〈경교삼위몽도찬(景教

三威蒙度讚))이라는 문서도 신수대장경에 포함되어 있다. '네스토리우스파 기독교의 삼위일체 영광송'이라는 뜻의 찬송가이다. 경교 역시, 중국에 들어와 '명교'(明敎)라고도 불린 마니교처럼 많은 부분에서 불교를 차용하기도 하고 영향을 미치기도 하였다.

(2) 고려대장경(高麗大藏經)

20세기 초 일본에서 만든 신수대장경은 고려대장경을 근간으로 삼고, 새로운 경서들을 추가해서 만들었다. 고려대장경은 초조대장경을 근간으로 삼아 다시 만든 것이 해인사 팔만대장경(재조대장경)이다. 고려의 초조대장경은, 송나라의 개보대장경(971-983년)을 가져다가 그대로 만들었다. 심하게 말하는 사람은, 개보대장경을 엎어놓고 베꼈다고 비판적으로 말하기도 한다. 이 말을 새겨듣지 않고 발끈해서, 활자체에 차이가 있고 교정을 본 흔적도 있다고 반론을 제기하기도 한다. 불교의 성격을 보여주는 중요한 측면은, 각 단계마다 추가되는 경전의 수는 급격히 늘어났다는 점이다. 중국에서 최초로 만든 개보대장경의 제작연대는 10세기 말이다. 중국에 최초로 불교가 전래된 시기를 A.D. 1세기로 잡으면 천년 가까운 세월이 흐른 뒤였다. 네스토리우스파 기독교가 7세기에 중국에 전래되었고 2백년에 걸쳐 번성한 뒤, 탄압을 받고 쇠락한 1백년의 역사를 더한 뒤였다. 유대교, 조로아스터교, 마니교 등은 더 말할 것도 없다.

고려시대에 첫 번째 만든 대장경판은 고려 현종 때 1011-1087년까지 70여 년에 걸쳐 제작한 초조대장경(初雕大藏經)이다. 〈대반야경〉

6백 권, 〈화엄경〉, 〈금광명경〉, 〈법화경〉을 포함한 6천여 권을 목판에 새긴 것이었다. 그 다음에는 '속장경'을 만들었다. 대각국사(大覺國師) 의천(義天)은 송(宋), 거란, 일본 등지에서 각종 경전 3,000여 권을 구했다. 〈금광명경〉처럼 호국(護國)에 관련되거나 도움이 될 것 같은 경서를 집중적으로 구했다고 한다. '신편제종교장총록'(新編諸宗教藏總錄)이라는 3권짜리 목록집을 만든 뒤 1092년부터 9년에 걸쳐, 4,700권이 넘는 경서를 경판에 새겼다. 경판 제작은 일종의 학술적 콜렉션이며 언제든지 인쇄가 가능한 '도서관'을 만든 셈이었다. 초조대장경과 속장경은 대구 팔공산 부인사에 보관하던 중 1232년에, 몽골 군대에 의해 불에 탔다. 일부 남은 것은 송광사에 보관되어 있다. 경판은 불에 탔지만 지금도 국내외에 2500여 권의 인쇄본이 남아 있다.

고려 고종은 대장경을 다시 만들기로 결정하였다. 1236년부터 1251년까지 16년에 걸쳐 완성했다. 이 대장경을 '재조대장경' 혹은 '고려대장경'이라고도 하고 '팔만대장경'이라고도 한다. 실제 판각은 11년이 걸렸다고 한다. 몽골과의 전쟁이 없던 1240년부터 1247년까지의 기간 중에 80% 이상을 판각했다. 경판의 수는 81,137개였다. 경판의 양면에 글자를 새겨 넣었는데 한 면에 들어간 글자 수는 대략 300자 정도이니 경판 하나당 약 600자이고, '팔만대장경' 전체의 글자는 5,200만 자에 달한다. 뜻을 새기며 정독할 때 하루 4~5천 글자를 읽는다고 가정한다면 대장경 전체를 읽는 데는 약 30년이 걸린다. 포함된 경서는 약 1,500여 종이다. 해인사 팔만대장경을 영인

본으로 만든 적이 있다. 권당 1090쪽씩, 모두 48권이다. 이를 1964년부터 한글로 완역하는데 37년이 걸렸다. 318권짜리 전집이다.

인도의 불교문화권에서 불교의 경장과 논장을 모으는 작업을 '결집'이라고 한다면 인도 외부에서 결집한 것을 '대장경'이라고 한다. 이 점을 고려해보면, 불교의 역사는 '포용'이라는 명분 하에, 타 종교를 끌어들이고 혼합하고 적응해온 역사라고도 단언할 수 있을 것이다. 심지어 출처와 기원을 알 수 없는 자료까지 삽입하여 유통시키는 계기까지 될 수 있는 것이 '결집'과 '대장경' 간행이다. 중국에서도 송나라 때 개보대장경을 만든 이래로, 18세기 전반부에 용장(龍藏)까지 여덟 차례나 더 대장경을 만들었다. 혹시 이 가운데 한자성경이 들어가지 않았을까 궁금해지기도 한다.

4) 중국 불교

불교가 중국에 소개될 때, 결코 체계적으로 소개되지 않았고 그럴 수도 없었다. 중국 입장에서 보면 '불교가 무엇이냐'는 문제 이전에 '무엇이 불교냐'의 문제가 컸다는 것을 알아야 한다. 불경이 최초로 한역되던 당시에 이미 부파불교는 크게 20개로 갈라진 뒤였고, 서역에서 타 종교와 토착종교들과 결합하고 변질된 여러 불교가 된 뒤였다. 불교 이외에도 기독교, 조로아스터교, 마니교, 유대교 등이 비단길을 통해 중국으로 쏟아져 들어왔다. 불교에 한정하더라도 서역에서 변질된 대승불교에 국한 된 것일지라도 온갖 모순된 경서들과 논서들이 뒤죽박죽이었다. 마니교와 경교 쪽에서도 서역에서 산스크리트어로 번역한 것을 중국에 들여오거나 중국에서 불교와 유사한 용어로 한역한 경우에 중국인들이 어떻게 구분할 수 있었을까? 더구나 불교사상의 본질적인 면을 이해할 수 있는 기본경전들과 탁월한 교리들보다는 서역에서 유행하던 종파, 예배, 실천덕목들에 관한 가르침을 더 많이 접한 때문에 신뢰할만한 감식안이 형성되기 전이라면 혼란과 뒤섞임은 피할 수 없다. 중국이 불교의 근원인 인도를 알게 된 것은 빨라야 4세기 말이고 실제적으로는 401년에 구마라습이 장안(長安)에 자리를 잡고 제대로 된 번역서들을 내놓고 해설에 주력한 이후였다.

중국인들이 처음 수백 년 동안, '불교사상' 혹은 석가모니의 12연기, 사성제, 팔정도를 어떻게 이해할 수 있었을까? 사실상, 불가능했다고 봐야한다. 5세기 초까지 중국인들은 불교의 가르침을 노장사상, 유교사상의 개념과 틀에 비교하면서 이해해 들어갈 수밖에 없었다. 당연히 노장사상과 어딘지 비슷한 〈반야경〉이 유행했다. 하지만 〈반야경〉도 뒤늦게 편집되고 많은 변화를 겪었을테니 불교의 본질을 깊이 이해하는 데는 명백한 한계가 있었다. 석가모니를 석가모니 그 자체로 보지 않고 산스크리트어 중역(重譯)을 매개로, 〈반야경〉을 통해서보니 석가모니 사상이 '공'(空)으로만 보였을 것이다. '공' 사상을 핵으로 구축된 석가모니를 붙들게 될 수밖에 없다. 불교의 사상이 중국의 전통사상과 다르다는 것을 이해하는 데는 2세기 중반에 첫 한역 불경이 나온 뒤로부터 250년이 걸렸다.

쿠차의 명문가 출신으로 간다라 지방에서 유명한 스승에게서 대승불교를 배운 뒤 4세기 말에 중국에 온 구마라습(鳩摩羅什 : 344-413)은 전진 왕 부견의 아들에게 포로가 되어 끌려다녔다. 억지로 결혼까지 했다. 이렇게 17년간 중국어를 배워 401년부터 장안(長安)에서 역경사업에 몰두하여, 기본적인 불경들을 많이 번역했다. 74세로 죽을 때까지 3천 명의 제자를 길렀다. 〈반야경〉의 기본개념인 '슌야다'를 '공'(空)이라고 번역한 사람이 구마라습이다. 5세기 초부터, 구마라습에 의해 중국인들이 읽을 수 있는 불경이 제대로 번역되기 시작했고, 구마라습에 의해 훈련받고 교육받은 3천 명의 중국인 불제자를 통해 중국에 불교가 제대로 정착하기 시작했다. 구마라습의 탁월한 제자들이 용수의 학맥을 잇는 세 논서를 근간으로 하는 '삼론종'을 만들었다. 중국에서 불교가 중흥하게 되었을 뿐만 아니라 중국불교가 만들어지기 시작했다.

2백 년 뒤에 당나라 사람 현장(A.D. 600-664)이 등장할 수 있었던 것도 구마라습 덕택이라고 할 수 있었다. 현장은 불경을 보다가 빠알리 원본과 산스크리트어 본을 비교해서 읽어야 한다고 느꼈다. 산스크리트어와 부파철학을 철저히 배우고자 인도로 건너갔다. 굽타 왕조가 5세기에 세운 나란다 사원에서 수학했다. 귀국한 뒤에, 역경사업을 맡았다. 현장의 번역은 원문과 어원을 충실하게 살피고 이해한 뒤에 정밀하게 번역어를 선택하고 다듬은 수작(秀作)이었다. 구마라습의 번역을 구역(舊譯), 현장의 번역을 신역(新譯)이라고 한다. 현장의 경우에도 한계가 있다. 힌두교를 전적으로 후원하는 굽타 왕조가 5세기에 설립한 사원에서, '밀교'가 횡행하던 7세기에, 현장은 석가모니를 얼마나, 어떻게 알았을까?

선불교(仙佛教)

종교는 '믿음'이다. '믿음'은 억지나 강요로 되지 않는다. '믿음'을 이해하고 설명하고 굳세게 하기 위해 교학(教學)이 요구된다. 문자에 담을 수 없는 신비와, 자연의 한계를 뛰어넘는 초자연성은 오히려 문자와 이론을 폐기하지 않고, 문자와 이론을 이용한 성숙과 발전을 요구한다. 따라서 믿음과 교학(혹은 신학)은 종교가 이식될 때, 낮은 단계와 수준일지라도 충분하게 전달되어야 한다. 기독교는 평범한 사람들도 6개월에서 1년이면 그 기본을 충분히 배우고 익혀서 신앙생활을 흔들릴 수없이 해나갈 수 있게 되어 있다. 그 기본의 일관성을 유지하면서 평생에 걸쳐 고도로 발전된 신앙체계를 이룩해 갈 수도 있다. 그런데 중국에 전래된 불교는 도저히 그 본질을 파악할 수 없었다. 이렇게 수백 년을 보내면서 서역에서 분화된 각종 불설은 중국에서 수많은 '교종'(教宗)이 난립하는 결과를 낳았다. 그만큼 어려운 일이다. 그 반작용으로 '좌선'(참선)방법론을, 교설에 대립시켜 별도의 종파가 만들어지고 분화되기까지 하였다.

'선종'(禪宗) 즉, 선불교는 말하자면, 중국적 환경에서 만들어진 불교였다. 문자 즉, 교리 및 이론을 중시하는 교종(教宗)과, 참선에 의존하는 선종으로 나눠지는 것은, 불교의 전래 초기에 겪은 혼란을 반영할 뿐이다. 비정상적인 발전이다. 처음 전래된 고등종교의 개념과 이론체계는 이질적인 문명을 배경으로 하는 만큼 피전달자들이 소화하기가 어려울 수밖에 없다. 불교의 경우는 더 말할 나위가 없다. 읽는 경전마다 다르고, 전해주는 사람마다 다르니 이해의 격차를 소화하지 못했다. 단지 '설'(設)이 다른 것이 아니라 '종교'가 달라지고 분화되었다.

석가모니는 연기설, 사성제, 팔정도를 원리로 하는 깨달음에 관해 가르쳤을 뿐만 아니라 좌선수행을 지도했다. '수식관'이라는 호흡조절을 통해 자기 안에 있는 아트만을 보라고 하였다. 이것이 깨달음을 얻어 해탈하는 길었다. 즉, 교설과 좌선은 애초에 하나였다. 부파불교를 거쳐 대승불교가 되면서, 모든 사람에게는 불성(佛性)이 있으니 진리를 성찰하여 해탈하라는 식으로 바뀌었고, 설은 다양하게 분화 발전했다. 4세기에는 '요가'의 호흡법을 받아들인 유가행파(혹은 유식종)가 대두되기까지 했다. 당연하게도 이러한 수행방법은 중국에 자리잡지 못했다. 동아시아의 사상세계에서는 생명의 기원, 우주의 원리를 다른 관점에서 보기 때문이다. 불교학자가 노자, 장자, 공자뿐만 아니라 백가쟁명하는 이들의 우주관, 생명관이 틀렸다는 것을 명명백백하게 논파하고 대중적으로 설득력 있게 설파하기 전에는 불가능한 일이다.

5세기 말 혹은 6세기 초에, 인도 남부출신의 '보리달마'가 중국으로 건너와서 '불립문자,' '이심전심,' '염화미소'로 상징되는 참선수행법을 가르쳤다고 한다. 경전, 설법, 문자를 떠나 내관(內觀), 자아성찰을 통해 '부처의 마음'(佛心)을 찾고 대중에게 전하는 방법론이 중국 불교에 자리잡게 된다. 보리달마의 방법론도 시간이 흘러가면서 여러 방법론으로 갈라지는 것은 필연이었다. 남종선, 북종선, 우두선 등으로 갈라졌고 '간화선'이 나왔다. 간화선이 대세가 되었다.

소의경전(所依經典)

불설(佛說)이 석가모니의 설법인지 후대에 추가된 불가의 교설인지 헷갈리고, 다양하고 모순적인 경전들이 무수히 등장하는 중국 무대에서, 기초를 든든히 하고 중심을 잡고 체계를 다지기 위해서는 '기준틀'이 필요했다. 종교에서 이 기준틀은 언제나, '근본경전'과 그 근본경전에 대한 최상의 '해석체계,' 두 가지로 구성된다. 기독교는 구약 39권과 신약 27권으로 구성된 성경 전서(全書)가 한결같이 근본경전이다. 어느 한 구절을 해석할 때, 그 자구의 뜻도 중요하지만 66권 성경 전체의 가르침과 조화하는 해석을 추구한다. 성경 그 자체가 성경 전체를 적절하게 파악하는 최상의 해석체계이기도 하다. 성경 이외에는 4세기 후반~5세기 초 북아프리카 힙포의 감독 아우구스티누스의 신학(神學)이다. 이 아우구스티누스 신학에 대한 이해와 관점의 차이에서 이후 기독교 역사에서 학파가 갈리고 교파가 갈렸다고 보면 된다.

불교는 이것이 불가능하다. 빠알리 삼장만 해도 방대한 분량인데 대승불교 시대로 들어서면서 산스크리트 불경들이 기하급수적으로 늘어났기 때문이다. 그래서 중국에서는 많은 불경 가운데 하나를 붙잡고, 그 불경을 중심으로 종파를 세우는 방법론이 확립된다. 이를 테면, 반야경을 기준으로 하는 불교종파, 화엄경을 기준으로 하는 불교종파, 법화경을 기준으로 사는 종파가 만들어진 것이다. 미륵 신앙을 추종하는 정토종은 미륵과 관련된 6개의 불경 가운데 세 개를 선정해서 '미륵삼부경'을 소의경전으로 삼는다. 진리는 하나일지라도 진리는 광대하기 때문에 진리에 이르는 길은 여럿이라는 말을 들어 이 입장을 합리화하고자 한다면, 먼저 진리는 오류를 용납하지 않는다는 사실을 염두에 두어야 한다. 모든 길이 진리에 이르지 않는다.

아함경은 대승불교가 수집한 경전들 가운데 상좌부불교 전통을 계승할 가능성을 높여줄 수 있다. 하지만 대승불교가 중국에 전파된 이후에는 아함경을 소의경전으로 삼고 뚜렷하게 발달한 종파는 거의 없었다. 한역대장경에 포함된 아함경은, '장아함'(長阿含) 30경, '중아함'(中阿含) 222경, '잡아함'(雜阿含) 1362경, '증일아함'(增一阿含) 473경을 총칭(總稱)하는 이름이다. 빠알리 삼장의 다섯 니까야에 일치하지 않는다. 미얀마에서 5차 결집을 통해, 〈패엽경〉을 1.5~2미터 크기의 대리석판 729개에 새겼다. 경장 410매, 율장 11매, 논장 208매였다. 1950년대의 6차 결집을 통해, 오류를 수정하고 400쪽짜리 책자로 약 40권 분량의 전집이었다.

대승불교 선종계통에서는 대개 〈반야경〉을 '소의경전'으로 삼았다. 7세기 중반, 현장이 말년에 3년간 번역한 한역 '대반야경'(大般若波羅蜜多經)만도 600권 분량이며, 5백만 개의 글자가 사용되었다. 한글 성경전서의 약 25배 분량이라고도 한다. 이것도 신수대장경에 수록된 전체 반야경 가운데 75%정도라고 한다. 현장의 대반야경 제1권부터 제400권까지를 〈10만송반야〉라고 하는데, 산스크리트어본도 4종이 있다고 한다. 15종류의 〈팔천송반야〉, 약 14종의 〈반야심경〉이 있다. 반야경 가운데 빠른 것은 A.D. 1세기 무렵에 성립된 것으로 여겨지고 밀교가 왕성해진 뒤에 성립된 것 까지 다양하다. 그러니 〈반야경〉을 소의경전으로 삼는 선종도 다양하게 분화될 수밖에 없다.

대승불교에서 소의경전으로 가장 널리 받아들여진 불경이 〈화엄경〉이다. 〈반야경〉의 핵심사상이 공(空)이라면 〈화엄경〉은 법은 하나이며 부동의 진리라는 것이다. '비로자나불'을 교주로 삼고 주로, 수행과 인과응보에 관한 설명이 많다. 하지만 화엄경의 분량 역시 대단하다. 불교설화에 의하면, 화엄경은 상본, 중본, 하본이 있다고 한다. 상본은 헤아릴 수 없이 많고, 중본은 49만 8천 8백 개의 게송으로 되어 있었다. 할 수 없이 10만 개의 게송으로 된 하본을 가져왔는데, 여기에서 〈40권본〉, 〈60권본,〉 〈80권본〉이 나왔다고 한다. 〈화엄경〉은 처음부터 완역본이 나온 것이 아니라 별도로 만들어지고 발전하다가 A.D. 4세기 무렵에 서역에서 완성된 것으로 추정한다.

천태종에서 소의경전을 삼는 불경은 〈법화경〉(法華經) 혹은 〈묘법연화경〉이다. 대승불교의 백미라고도 한다. 화엄경과 함께 한국 불교의 형성에 지대한 영향을 미쳤다. 서북 인도에서 만들어지기 시작했고 후에 증보된 것으로 본다. 범어사에는 약 160종의 〈법화경〉이 보존되고 있고, 간행기록이 뚜렷한 것만도 120종이나 된다. 이렇게 이본이 있을 때 차이점을 밝히고 정본을 확정하지 않으면 불설이 서로 엇갈릴 수 있다. 〈법화경〉은 7권 28품으로 구성되고, 우리나라에서는 제25품 '관세음보살 보문품'이 관음신앙의 근거가 되었고, 이 부분을 〈관음경〉으로 별도로 편찬하곤 했다. 제11품은 불탑신앙의 근간이 되어 다보탑, 석가탑을 세우는 사상적 밑받침이 되기도 했다.

어떤 특정한 부파가 어떤 특정한 경전을 '소의경전'으로 선택했을 때는 합리적 이유가 필요하다. 여기에는 많은 논증과 논쟁이 따라붙을 수밖에 없다. '소의경전'을 정하여 기준을 잡고 불교사상을 체계화하고 종교체계를 구축하려고 해도 너무나 방대해서 결국 창안한 방법이 '교상판석'(敎相判釋) 혹은 줄여서 '교판'(敎判)이다.

교상판석(敎相判釋)

교상판석이란 석가모니의 가르침의 핵심은 고(苦)·무상(無常)·무아(無我)에 있다고 보고, 일체개고(一切皆苦), 제행무상(諸行無常), 제법무아(諸法無我), 열반적정(涅槃寂靜)을 가르치는 모든 것을 '불교'라고 정의한 뒤에, 수천 가지 불경과 갖가지 설을 일목요연하게 분류하고 경중을 평가하여, 정통의 틀을 정하는 방법론이다. 교상판석을 확정하면 불설 전체를 아우르는 맥을 잡고 종파 설립의 명분이 완성된다. 천태종의 교판은 6세기에 만들어진 '5시 8교론'이다. '5시'는 석가모니의 설법이 다섯 차례에 걸쳐 반복되었다고 가정(假定)한다. 석가모니가 깨달음을 얻은 즉시, 그대로 설법한 때를 '화엄시'(華嚴時)라고 한다. 사람들이 알아듣지 못하자 정도를 낮춰 다시 설법했다. 이때를 '녹원시'라고 한다. 이때 설법한 것을 〈아함경〉이라고 하고 여기에서 소승불교가 만들어졌다고 설명한다. 그 다음이 '방등시'(方等時)라는 때인데 소승을 버리고 대승으로 들어가라는 뜻으로 설법했다고 한다. 소승과 대승이 반목하자 서로 다른 것이 아니라는 것을 깨우쳐주기 위해 설법을 다시 했다. 이때를 '반야시'(般若時)라고 한다. 그리고 마지막으로 올바른 진리를 드러낸 '법화열반시'(法華涅槃時)라고 한다. 결국, 〈법화경〉의 가르침이 기존의 모든 것을 완성한 최상의 완성품이라는 것이다. 여기에 불법을 공부하는 접근방법인 '화의사교'와 불교종파의 수준을 넷으로 나눈 '화법사교'를 합쳐서 '팔교'라고 한다. 이 원리를 따르는 것이 천태종이다.

화엄종은 A.D. 699년에 당나라의 법장(法藏 : 643-712)이 '5교 10종'이라는 '교판'을 완성함으로써 성립한 종파이다. 5교는 경전에 따라 불교를 다섯 부류로 나눈 것이다. 〈아함경〉을 의존하는 '소승교,' 〈반야경〉과 〈해심밀경〉을 따르는 '시교'(始教), 대승기신론이나 〈능가경〉을 따르는 '종교'(終教), 〈유마경〉을 따르는 '돈교'(頓教), 곧장 깨달음으로 들어가도록 가르치는 〈화엄경〉이나 〈법화경〉을 따르는 '원교'(圓教), 이렇게 다섯 가지 불교로 나눈다. 그리고 주체와 객체, 진리의 실체를 어떻게 가르치느냐에 따라 열 가지 종파로 나눈다.

사랑을 강조하는 사도 요한을 붙든 요한공동체, 믿음으로 구원받는다고 가르친 바울의 로마서에 의존하는 바울공동체, 행위를 강조하며 바울의 사상과 각을 세운 야고보의 공동체 등등의 개별공동체들이 나중에, 인위적으로 하나로 합친 것이 '기독교공동체'라는 발상만큼 기독교 원리에 이질적인 사상이 없다. 종교개혁자 마르틴 루터가 복음과 율법을 이분법적으로 대비시켰다고 해서 성경의 사상이 그처럼 이분법적이라고 가정해서는 안 된다. 히브리적 감성과 그리스적 이성의 결합을 통해 기독교 신학이 나왔다고 함부로 가정해서도 안 된다. 기독교는 역사적 편력을 하면서 곳곳의 철학 및 토착종교와 융합한 결과물이며, 따라서 기독교가 말하는 진리는 상대적이며 주관적인 체험의 표현이라고 전제하는 것도 오류이다.

6

원류는
어디인가?

진정한 종교는 처음부터 자기 것을 가지고 있어야 한다. 태초에
창조주와 마주섰던 최초의 인간에게 심겨진 그 종교와 나의 종교,
그리고 그 사이를 연결해주는 종교는 동질적이어야 한다. 이 과
정에서 일어난 변화는 태초의 종교가 가지고 있는 생명력에서 자
연스럽게 성장하고 창조주가 인정해준 것만이 의미가 있다. 인위
적으로 꾸며낸 변화는 무의미하다. 종교가 아닌 것을 가져다가
종교로 만들려면 종교사상과 종교행위를 덧붙여야 한다. 이처럼
덧발라 만든 종교도 덧바른 행위도 무의미하다. 인간이 의미와
가치를 부여해서 된 종교는 환자에게 투여된 진통제와 같다. 병
고(病苦)의 원인을 고치지 못하고 단지 진통제를 투여할 뿐인 의사
를 계속해서 의존하는 것은 어리석다. 진정한 의술을 가진 의사
를 찾는 것처럼 진정한 종교를 찾아야 하고, 찾았다면 그 안에 머
물러야 한다.

능력만 된다면 자기 자녀를 '일류' 의사, '일류' 선생에게 맡기고 싶은 것은 인지상정이다. 달리 검증할 방법이 없다면 일단 '일류' 출신을 믿어보려는 것은 일류는 하루아침에 만들어지는 것이 아니라는 '경험칙'에 대한 믿음 때문이다. 오래 전에 최고가 되었고 그 최고의 전통을 유지해왔다면 그 속에 남다른 뭔가가 있을 것이라는 믿음이다. 그러나 종교는 사람이 최고로 만든다고 해서 참된 종교가 되는 것이 아니다. 참되고 영원한 진리를 변함없이 순전하게 보존하고 가르치는 종교가 진짜 종교다.

1) 예배와 예불

'예배'는 압도적으로 강력한 존재 앞에게 굴복과 섬김을 바친다는 의미이다. 굴복하고 복종하고 존숭하며 섬겨야할 존재가 없다면 있을 수 없는 개념이다. 종교에서 '예배'는 절대적 권능을 가진 신이 존재하고 그 신으로부터 구원과 축복을 받았다는 것을 전제한다. 그래서 기독교는 예배로 시작해서 예배로 완성된다. 기독교인이 천국에 가는 목적은 그곳에서 하나님을 영원히 찬송하며 예배하기 위해 서다. 예배는 공포심 때문에, 도움을 얻기 위해 제물을 바쳐 신을 달래는 것을 가리키지 않는다. 예배를 이렇게 이해하는 것은 미신적 수준의 하등종교일 경우이다.

성경의 종교는 삶 자체가 '예배'라고 가르친다. 성경이 가르치는 진리를 따라 살며, 하나님의 진리를 오염되지 않게 지키고 가르치며, 하나님의 뜻을 성취하는 것이 진정한 예배이다. 특정한 날을 정해서, 특정한 장소(개별적인 교회)에 모여서, 눈에 '보이는 예배(의식)'를 드리는 것은 "모이기를 폐하지 말라"는 하나님의 명령과, 말씀과 기도와 찬양을 권면하라는 뜻에 부응하기 위한 것이다. 기독교의 예배형식은 유대교의 회당예배와 뿌리가 같고, 모세5경의 성막제도와 원리가 같다. 그런 점에서 기독교는 예배의 종교이다.

석가모니는 신을 거부했고 신이 되는 것도 거부했다. 석가모니는 예배의 종교를 만들지 않았던 것이다. 석가모니는 출가와 좌선수행의 성찰방법론을 가르쳤다. 승단은 예배공동체가 아니라 수도정진을 위한 공동체였던 것이다. 한국불교 역시 처음 전래되었을 때가 아니라 A.D. 7세기에 이르러서야 예불의식이 생겼다고 한다. 1천 몇 백 년의 장구한 역사라는 것이 중요한 것이 아니라 석가모니 이후 1천 몇 백 년이 지난 뒤에, 예불의식이 생겼다는 것이 더 중요하다.

우리나라 사찰의 예불은 새벽예불(새벽 4시 30분), 사시예불(오전 10시), 저녁예불(오후 6시), 세 차례 드린다. 그 형식도 대체로, 도량석-새벽종성-법고-법종-목어-운판-예불문-발원부-(천수경-)반야심경-금강경의 순서로 드린다. 많은 사찰에서는 〈천수경〉을 포함시킨다. 기본적으로 만물을 깨우고 부처의 가호를 빌고 법문을 암송한다. 도량석은 잠든 사람들을 깨우는 것이고, '새벽종성'부터 '예불문'까지는 영원한 진리를 선포한다. '발원부'부터 금강경 염불까지는 영원한 진리에 대한 응답이다. 기독교 예배의 기본원리와 유사하다. 기독교 예배는 하나님의 영광을 선포하는 것과 이에 대한 응답(찬양)의 반복이기 때문이다. 한국불교에서 예불시간에 불경을 염불하는 것은 실은 석가모니의 법력이 아니라 '다라니'라는 문구가 가진 주술적 신통력을 기대하며 주문을 외우는 것이다.

상좌부계통의 맥을 잇는 남방불교에서는 예불의식을 별로 중시하지 않는다. 자세히 목도한 적은 없지만 자료를 찾아보면 꽃을 바치고 기도하고 법문을 나누는 소박한 의식인 것으로 보인다. 삶속에서 명상수행하며 계율 준수하며 경건하게 사는 것을 훨씬 더 중요하게 여긴다. 남방불교에서는 '목탁'도 사용하지 않는다. 대승불교 중에서도 대한불교 진각종은 수행정진을 강조하면서 불상도 놓지 않고 목탁도 치지 않는다. 이것이 진짜 불교의 모습일 것이다. 실은 불교에서 새벽 세시에 기상하고 세 번 예불을 드리며 목탁을 치고, 목탁을 치는 방법도 철저히 '음양오행설'을 따르는 것이라고 한다.

2) 천수경(千壽慶)

거의 대부분의 사찰에서 혹은 예불에서, 하루에도 몇 차례씩 들을 수 있는 것이 〈천수경〉이라고 부르는 일종의 '다라니'라는 주문(呪文)이다. 한국불교는 사실상 석가모니의 불교가 아니고 〈천수경〉 불교인셈이고, 한국의 불교도들이 가장 믿고 의지하는 것은 석가모니가 아니라 〈천수경〉과 〈반야심경〉에 등장하는 '관세음보살' 혹은 '관자재보살'이라는 신격화된 존재이다. 천수경은 '불경'이 아니다. 불교가힌두교와 결합하여 만들어진 '밀교'라는 종파가 만들어낸 '주문'(呪文)이며 주술이다. 천 개의 손과 천 개의 눈을 가진 관세음(관자재)보살의 넓고 큰 대자대비의 마음을 베풀어달라는 '주문'이다. '다라니'는 특정한 문구나 소리는 특이한 능력을 발휘한다고 믿고, 그 신통력을 빌리기 위해 만들어낸 '밀교'의 주문이 마치 독립된 경전처럼 만들어진 것이다. 본래 불교는 현생의 삶을 편안하고 윤택하기위한, 잡다한 신통력을 금했다. 석가모니의 모국 석씨국(釋氏國)이전란의 위기에 처했을 때 신통력을 발휘해서 나라를 구하는 것이 어떻겠냐는 목련존자의 권면을 거절했다는 설화가 있을 정도이다. 그런데 〈천수경〉은 '관자재보살'이라는 신을 만들어 가호를 구하는 주문을 단순하게 반복하는 것이다.

아바로키테스바라(Avalokitesvara)

산스크리트어로 '아바'는 '아래로'라는 말이고 '로키테'는 관조한다는 말이며, '스바라'는 스스로 존재한다는 뜻이라고 하는데, 이 이름을 구마라습은 '관세음보살'로 번역하고 현장은 '관자재보살'로번역했다고 한다. 구마라습의 번역은 세상을 살펴보고 귀를 기울여 듣는 보살이라는 의미에 방점을 두었다면, 현장은 '스스로 존재하는 (自在) 신(神)' 즉, '이쉬바라'가 본다는 뜻에 방점을 둔 셈이다.

〈천수경〉은 자재신 즉, 스스로 존재하는 신에게 열심히 기도하면 자재신이 목숨, 마음, 선한업, 재물, 소원, 지식, 지혜 등을 마음대로 준다고 믿고 '주여! ~을 주시옵소서! 주여! 주시옵소서!'라고 반복해서 기도하는 셈이다. 불교도들은 자재신 '이쉬바라'는, 힌두교의 신(神)을 불교의 보살로 끌어들인 것이라고 설명한다. 하지만 '이쉬바라'라는 개념 즉, 존재케 하는 원인이 없는 전지전능한 존재, '내가 존재하는 것으로 보기 때문에 존재하는 나'라는 식의 개념은 성경의 '여호와 하나님' 이외에는 달리 없다. 그리고 자재신의 '자유자재'라는 개념은 단지 '마음대로'라는 개념을 초월해서 '하나님의 주권,' '하나님이 기뻐하시는 대로'와 통한다.

"하나님이 모세에게 이르시되 나는 스스로 있는 자니라……내가 실로 너희를 권고하여 너희가 애굽에서 당한 일을 보았노라……내가 너희를 애굽의 고난 중에서 인도하여 내어 젖과 꿀이 흐르는……땅으로 올라가게 하리라"(출 3:14-17)

"여호와께서 오직 네 열조를 기뻐하시고 그들을 사랑하사 그 후손 너희를 만민 중에서 택하셨음이 오늘날과 같으니라 (신 10:15)

"하나님이 그 기뻐하시는 자에게는 지혜와 지식과 희락을 주시나 죄인에게는 노고를 주시고 저로 모아 쌓게 하사 하나님을 기뻐하는 자에게 주게 하시나니 이것도 헛되어 바람을 잡으려는 것이로다 (전 2:26)

서역출신의 구마라습이 산스크리트 명칭 '아바로키테스바라'(Avalokitesvara)를 '관세음보살'이라고 번역한 것은 4세기 말에서 5세기초반이었다. 붓다고사가 청정도론에서 자재신 이쉬바라를 자세히 언급한 것도 5세기였다. 현장이 '관자재보살'이라고 번역한 것은 인도 나란다 사원에 유학한 뒤인 7세기였다. 이쉬바라는 인도에 소개된 구약성경의 '여호와'에 대한 산스크리트어 의역은 아닐까?

3) 기도(祈禱)

석가모니와 근본불교에서 낯선 개념 가운데 하나가 '기도'라는 것이다. '기도'는 하나님과의 대화, 혹은 하나님께 간청하고 탄원하는 것을 가리킨다. 불교는 석가모니를 노골적으로 신격화하면서도 아직도 익숙해지지 않는 개념인지 석가모니는 신이 아니라고 하기 때문에 '기도'에 관한 개념도 여전히 애매하다. 단지, '천지신명께 비나이다!'라고 하면서 가호(加護)를 빌거나 도움을 구하는 염원, 소원 성취를 바라는 것 정도로 이해한다. 하지만 진정한 의미의 '기도'는 역시 성경에서 나온 것이다.

출애굽기에서 '기원하다'라는 히브리 단어 '아타르'는 '향을 피운다'라는 뜻으로도 되고, '제사드린다'는 말과 함께 나온다(출애굽기 8:8, 8:29). '기도(祈禱)'라는 두 글자는 똑같이 '제사' 혹은 '하나님'을 상징하는 '보일 시'(示)와 결합한 글자들이다. '기'(祈)라는 한자는 '본다'(혹은 하나님)라는 글자(示)와 '도끼'(혹은 벤다)라는 글자(斤)

가 결합한 것이다. 도끼는 군주(君主)의 생사여탈권을 가리킨다. 죄인을 참혹하게 처형한다는 뜻의 '참'(斬)이라는 글자도 수레(車)에 묶어 사지(四肢)를 찢어죽이거나 도끼(斤)로 베어죽인다는 뜻이다. '도'(禱)라는 한자는 '시'(示)라는 글자와 '목숨'이라는 뜻의 '수'(壽)라는 글자가 결합한 것이다. 그렇다면 기도는 죄를 지어 죽음을 당할 지경에 처해서 살려달라고 하나님께 호소한다는 의미일 수 있다. 왜, 하나님께 살려달라고 비는가? 하나님의 계명을 어겨 죄를 지었기 때문이다. 왜 동물제사를 드리며 기도하는가? 동물을 대신 죽여서 드리는 제사를 자신의 죽음으로 간주해달라는 호소이며, 약속대로 대리속죄를 받아주신 하나님께 드리는 감사이다. 왜 하나님께 기도하는가? 하나님은 살아계시며 전능자이신데 자기에게 구하라고 명령하셨기 때문이다.

"내가 영을 전하노라 여호와께서 내게 이르시되 너는 내 아들이라 오늘날 내가 너를 낳았도다 내게 구하라 내가 열방을 유업으로 주리니 네 소유가 땅 끝까지 이르리로다"(시 2:7-8)

"내가 여호와께 구하매 내게 응답하시고 내 모든 두려움에서 나를 건지셨도다 저희가 주를 앙망하고 광채를 입었으니 그 얼굴이 영영히 부끄럽지 아니하리로다 이 곤고한 자가 부르짖으매 여호와께서 들으시고 그 모든 환난에서 구원하셨도다"(시 34:4-6)

"너희가 내 안에 거하고 내 말이 너희 안에 거하면 무엇이든지 원하는 대로 구하라 그리하면 이루리라"(요 15:7)

4) 찬불가

  기독교는 초대교회 시절부터 시편에 곡조를 붙여 찬송가를 불렀
다. 구약성경에도 다윗과 솔로몬 시대에 레위인들과 제사장들이 각
종 악기를 연주하며 노래하는 '성가대'를 조직한 기록이 곳곳에 나
타난다. 기독교의 예배는 그 전체가 '영광의 찬양'이다. 말씀선포로,
기도로, 감사로, 예물로 찬양할 뿐만 아니라 곡조와 노래를 찬양한
다. 16세기 서유럽 종교개혁 시대에 루터가 독일민요에 성경의 교
훈을 담아, 생활가요 형태의 '복음송'을 만들어 보급하기 시작했다.
그래서 기독교에는 예배찬송, 아동교육을 위한 동요풍 성가, 복음
송 등이 발전했다. 불교에는 본래 예배가 없었기 때문에 '찬불'(讚佛)
이라는 개념도 없었다. 있을 수가 없다. 마음의 평정을 유지하고 호
흡을 조절하며 수행하는 승려가 어떻게 기쁨에 가득 찬 노래를 부를
수 있을까? 그러다가 기독교의 영향을 받아 1927년, 대각교 중앙본
부가 발행한 '대각교의식'이라는 책에서 백용성이 지은 '왕생가' '권
세가'라는 찬불가의 악보와 가사를 실은 것이 찬불가의 효시이다.

5) 분향

  '향'을 사르는 것에 대한 불교의 언급은 A.D. 3세기 경, 용수가
쓴 '대지도론'과 4세기 무렵에 성립된 〈금광명경〉에 언급된 것이 가
장 오래된 것이라고 한다. 더 오래된 기록이 있는지는 모르겠다. 용

수가 활동하던 시기에 '예불의식'이 있었는지도 모르겠다. 이 시기 혹은 이보다 전에 향을 사용하였다면 기후로 인해 몸에서 불쾌한 냄새가 나기 때문에 사용한 것은 아닌지 모르겠다. 종교의식에서 향을 태우는 것은 근본경전에서 규정하는 상당한 의미가 있지 않으면 안 된다. 종교적 의미를 가지고 '분향'하는 것은 성경 종교의 처음부터 마지막까지 중대한 의미가 있다.

불교에서는 계(戒)·정(定-평정심)·혜(慧)·해탈(解脫)·해탈지견(解脫知見) 다섯 가지를 오분향(五分香)이라고 말하고 밀교에서는 다섯 가지 향을 말한다. 이보다 먼저, 모세시대 제사와 성막의 설계에서 향을 피워 올리기 위한 향단과 향품은 매우 중요한 위상을 차지한다. 출애굽기 30:34-35에는 하나님께 올릴 향을 소합향, 나감향, 풍자향, 유향, 그리고 소금이라고 재료를 명시하고 만드는 방법까지 규정하며, 37절에는 이렇게 만든 향은 사람을 위해 써서는 안 되고 반드시 하나님께 분양하기 위해서만 사용하라고 규정한다. 로마 가톨릭에서는 지금까지도 향로와 향로봉사자, 향로그릇봉사자가 따로 있다. 불교에서도 향불을 담당하는 승려를 '노전'스님이라고 한다. 중국에 들어와 예불의식이 도입된 이후에 분향의식이 추가된 것으로 보인다.

종교적 의미에서 향을 태우는 것은 성경에 뿌리를 둔 종교의 중요한 측면이다. 구약의 제사제도에서는 하늘로 올라가는 연기는 '둘'이었다. 하나는 짐승을 죽여 불태워 제사로 드리는 화제(火祭)의 연기이고 다른 하나는 성막(성전) 안에 있는 향단(香壇)에서 정결하게 만든 '향'을 태워 올리는 연기이다. 구약성경에서 '기도하다'와 '향을 태우다'는 말은 같은 의미의 말이다. 게다가 '중재하다'라는 의미까지도 포함된다. 신약성경에서 구약성경의 제사제도를 단번에 영원토록 충족시켜서 더 이상 제사를 반복하지 않도록 만든 것이 예수 그리스도의 십자가 죽음이다. 영원한 제사장이신 예수 그리스도가 바로 자신을 속죄제물로 드려 하나님의 정의를 만족시키고, 자신의 가슴에 사랑으로 품고 있는 자들을 거룩케 하였다. 그리고 하나님 보좌 우편에서 끊임없이 탄원의 기도를 드린다.

6) 참회(懺悔)

〈금광명경〉 '사천왕품'에서 사천왕 신앙을 가르치면서 '참회멸죄' 개념이 등장한다. 이 개념은 당나라 때부터 성행했다. 참회멸죄 사상은 신의 존재, 죄악, 죽음과 공포, 구원의 개념이 종교체계 안에 들어올 때 발생할 수 있는 개념이다. 참회멸죄 개념은 불교의 윤회, 과보, 인과응보의 원리와는 사뭇 이질적인 개념이다. 불교의 인생관은 인생무상이다. 오늘 비참한 운명을 눈앞에 두고 있다면 그것은 과보 때문이다. 비참한 운명의 칼날이 머리 위에 떨어지고 있을 때, 인과응보의 법칙 하에서는 달리 방법이 없다. 이 현실을 만들어낸 원인인 과거를 바꿀 수가 없기 때문이다. 과보로 인한 응보는 당사자가 기필코 받아야 해소된다. 두 번째 화살을 맞지 않도록 하는 수밖에 없다.

종교에서 '참회'와 '멸죄'는 개인적인 생활이나 사회생활에서 자신의 과오를 후회하고 뉘우치는 것과는 차원이 전적으로 다르다. 그리고 개념의 폭이 훨씬 더 정밀하면서도 넓다. 잘못된 운명에 처했을 때 신이 그 개인의 삶에 뛰어들어 운명을 바꿔준다는 것과도 다른 개념이다. 모세는 신명기에서, "네가 악을 행하여 그를 잊으므로 네 손으로 하는 모든 일에 여호와께서 저주와 공구와 견책을 내리사 망하며 속히 파멸케 하실 것이며"라고 선언하여, 참회할 이유가 무엇인지를 분명히 밝힌다(신 28:20). 어떤 남자가 이웃집에서 값진 물건을 훔쳤다. 훔친 사람은 이웃집에 죄를 범했다. 이 도둑질이 들통나서 물건을 돌려주고 보상을 하고, 경찰에 잡혀가고 판사 앞에서 참회의 눈물을 흘렸다. 이것도 참회이기는 하지만, 종교에서의 참회는 이 차원을 크게 뛰어넘는다. 살아계신 하나님의 '도둑질하지 말라,' '이웃의 것을 훔치지 말라'고 명령했다는 사실, 하나님의 명령을 어긴 자는 하나님을 모독한 것이라는 엄연한 사실, 하나님으로부터 영원한 저주와 심판을 받게 되었다는 참혹한 현실을 깨닫고, 절대적 주권자 하나님 앞에 자기 죄를 토설하며 용서를 구하는 것이 종교적 참회의 시시작점이며 핵심이다. 참회는 하나님께로 마음을 돌이키는 것이다. 하나님을 사랑하고 온 마음으로 하나님의 명령대로 살겠다고 마음을 돌리는 것이다. 과거의 잘못을 반복하지 않도록 결단하는 것으로는 결코 충분하지 않다. 사람의 굳은 결단조차 믿을 수 없는 것이기 때문이다. 그러므로 진정한 종교적 참회의 본령은 사람의 굳은 결단이 아니라 하나님의 자비를 구하는 것에 있다.

"너와 네 자손이 네 하나님 여호와께로 돌아와 내가 오늘날 네게 명한 것을 온전히 따라서 마음을 다하고 성품을 다하여 여호와의 말씀을 순종하면 네 하나님 여호와께서 마음을 돌이키시고 너를 긍휼히 여기사… 네 하나님 여호와께서 너를 흩으신 그 모든 백성 중에서 너를 모으시리니"(신 30:2-3)

'삭개오'라는 유대인은 로마제국을 위해 유대인들에게서 세금을 징수해주는 책임자였다. 유대인들은 삭개오를 추악한 매국노요 토색질로 부를 쌓은 자로 여겼다. 상종할 수 없는 죄인으로 여겼다. 어느 날 예수 그리스도가 지나가다가 뽕나무 위에서 내려다보는 삭개오를 올려보며 오늘 네 집에서 먹고 쉬어야겠다고 말씀하셨다. 주변의 유대인들은 어떻게 고결한 선생이 삭개오같은 죄인의 집에 머무느냐는 수군거렸다. 이때 삭개오는 자기 재산의 절반을 가난한 자들에게 주고 만일 토색한 일이 있으면 네 배로 갚겠다고 예수님께 고백한다(눅 19:8). 이것이 참회이다. 삭개오의 참회는 토색질 당한 억울한 유대인을 향한 것이 아니라 도둑질한 것을 갚는 것에 대한 하나님의 명령 때문이다. 천국이 가까이 왔기 때문이다. 회개하지 않으면 천국에 들어갈 수 없기 때문이다. 삭개오의 참회에 대해 예수님은 그 자리에 "오늘 구원이 이 집에 이르렀다"고 선언하셨다. 이스라엘 왕 다윗은 신하의 아내 밧세바와 간음을 했다. 그리고 밧세바의, 무죄하고 충성된 남편을 죽게 만들었다. 다윗은 훗날 이 죄에 대해 참회를 하면서 "내 죄과를 도말하소서 나의 죄악을 말갛게 씻

기시며 나의 죄를 깨끗이 제하소서……내가 주께만 범죄하여 주의 목전에 악을 행하였"다고 고백했다(시 51:1-4).

성경은 종교의 모든 것을 완벽하고 충분하게 가르친다. 성경이 가르치는 종교는 인류의 모든 유사품이 따라올 수 없는 참된 종교이다. 성경을 통해 성경을 보면서, 하나님의 말씀을 깊이 깨닫는 대로 사는 그것이 종교이며 축복의 비결이다.

"그러므로 너희가 그리스도 예수를 주로 받았으니 그 안에서 행하되 그 안에 뿌리를 박으며 세움을 입어 교훈을 받은 대로 믿음에 굳게 서서 감사함을 넘치게 하라"(골 2:6-7)
"네가 네 하나님 여호와의 말씀을 삼가 듣고 내가 오늘날 네게 명하는 그 모든 명령을 지켜 행하면 네 하나님 여호와께서 너를 세계 모든 민족 위에 뛰어나게 하실 것이라 네가 네 하나님 여호와의 말씀을 순종하면 이 모든 복이 네게 임하며 네게 미치리니……네가 들어와도 복을 받고 나가도 복을 받을 것이니라……내가 오늘날 너희에게 명하는 그 말씀을 떠나 좌로나 우로나 치우치지 아니하고 다른 신을 따라 섬기지 아니하면 이와 같으리라"(신 28:1-14)

불 · 교 · 를
털 · 어 · 내 · 라